裸钻

——从创业家到投资家的秘诀

潘伟成◎著

中国财富出版社

图书在版编目(CIP)数据

裸钻：从创业家到投资家的秘诀 / 潘伟成著. —北京：
中国财富出版社，2017.10

ISBN 978-7-5047-6438-6

Ⅰ.①裸… Ⅱ.①潘… Ⅲ.①企业管理 Ⅳ.①F272

中国版本图书馆CIP数据核字（2017）第057653号

策划编辑 谢晓绚 **责任编辑** 梁 凡
责任印制 石 雷 **责任校对** 孙会香 张营营 **责任发行** 董 倩

出版发行 中国财富出版社

社　　址 北京市丰台区南四环西路188号5区20楼 **邮政编码** 100070

电　　话 010-52227588转2048/2028（发行部） 010-52227588转307（总编室）
　　　　　010-68589540（读者服务部） 010-52227588转305（质检部）

网　　址 http://www.cfpress.com.cn

经　　销 新华书店

印　　刷 北京楠萍印刷有限公司

书　　号 ISBN 978-7-5047-6438-6/F·2736

开　　本 880mm×1230mm 1/32 **版　次** 2017年10月第1版

印　　张 6 **印　次** 2017年10月第1次印刷

字　　数 97千字 **定　价** 58.00元

每个人都是一颗裸钻，
就看你怎样去切割，愿不愿意被切割！

关于作者
潘伟成
院长

　　十年磨剑，十年传奇，潘伟成是一位集教育培训、企业管理、项目咨询、投融资运营多重能力于一身的企业家导师。

　　2007 年，为实现"传播犹太智慧，创造华人奇迹"的夙愿，打造中国最具能量的商业资源共享平台，他投资千万元，亲自拜访 50 多位世界顶尖犹太商业精英，使他们共同参与项目的评估与投资。他深入了解并潜心钻研犹太经商智慧精髓，带领中国企业家走访美国、新加坡、南非、以色列等地进行资源对接。

　　2008 年，他率领诚际集团正式与新加坡商联签约，投资 1000 多万元打造了中小企业一站式国际资本孵化平台——犹太商学院，并建立国际投资专家团队，为中国的企业家铺平资本之路。

2015 年，他辅导生态产业"沙米中国"项目，助其打造"互联网+"众筹商业模式，使沙米获得多轮引资，企业估值从 2000 万元迅速增长到 8 亿元。

2015 年，他辅导的美德鲜生态农业互联网平台仅用 8 个月时间就创造了从一个概念到市值 2 亿元的奇迹。

2016 年，他辅导的法国轻奢手机品牌 HANMAC 不仅改变了其产品结构，还通过"店中店"的模式轻松将重资产商业模式转变为轻资产模式。

他除了帮助中小企业家解放身心外，还积极投身慈善事业。他不仅是国际狮子总会广东光明狮子会理事，还是广州慧灵智障机构执行董事；他以身作则，用实际行动来诠释"以商养善，强企富国"的伟大愿景，真正通过商业的力量去做慈善，在帮助企业强大的同时，让中国更强！

裸钻
从创业策划收方案的较义

写在前面的话

这是一本道破天机的书

为什么全球最有钱的企业家，犹太人占一半？为什么全美 100 多名诺贝尔奖金得主，犹太人占一半？温州人读懂了犹太人，所以今天，温州人成了"东方犹太人"！潮州人也读懂了犹太人，所以今天，潮州拥有了几乎是中国极有前途的商帮之一！

可是，什么才是真正的犹太智慧？这只在极少数人中流传。而本书将帮助大家扯掉层层包裹，直揭"犹太思维"真相。

为什么要做投资家，不做创业家？
为什么手上没有钱，却能赚大钱？

I

为什么小公司更要懂得"上市"？

为什么上市公司的股票狂跌，老板还能轻松赚大钱？

研究麦当劳、肯德基、戴尔、宜家、苹果等案例时，你会突然发现，原来他们的成功并不是我们想象中的那样，也不是许多专家学者告诉我们的那样，他们原来是那样赚钱的，而这也是别人模仿麦当劳等却永远没有超越他们的原因。

这是中国企业家不得不看的书

许多创业家像只勤劳的蜜蜂，每天嗡嗡地忙个不停。当然，我们也自豪，我们帮社会解决了就业，为国家的 GDP（国内生产总值）做出了贡献。所以我们戏称，我们是公司的老黄牛，社会的老黄牛。

不过一对照国外的企业，我们发现了我们的差距。国际上的那些大企业家，基本不待在公司，他们打高尔夫、出席酒会、到处旅游……而我们的企业家呢？每天都得待在公司，扮演着各种角色：最伟大的业务员、救火队长、哄着员工的心理医生……

为什么？

无知者无畏！因为有些真相我们不知道，所以我们才敢冒着付出健康以至于生命的代价……

这是一本爱学习的人都要看的书

培训课程、商学院里的MBA（工商管理硕士）等课程，畅销的财经类图书……学习无时不在，可学习却也日益沉重。管理学需要学、领导力需要学、谈判能力需要学、法律知识需要学、财务知识需要学、政策法规需要学……

上培训课、看光盘、听演讲、读书……

那么，到底什么是我们该学却没有学到的，才使得我们自己一直没能比、学、赶、超过别人？

序
奔跑的裸钻

自从踏上这条路，我们就是带着能量在奔跑，这能量里集合了改变命运的屈辱和想要奔向成功的巨大渴望。慢慢地，责任、使命、光荣与梦想驱动着我们不敢停下来，也不能停下来，就这样，一直跑到了今天……

今天，我们看着自己花费时间、精力、勇气和激情搏来的这一切：

公司的人员规模越来越壮大，已不再是过去创业时的单枪匹马；员工们也不再像刚创业时那般稚嫩，用一句简单的话说，他们都增值了，包括我们自己，也今非昔比了；同时，我们也深深地自豪，我们每天都在为国家的 GDP 做着贡献……

我们的眼睛开始湿润了，我们被自己感动了。一路走来，只有我们自己知道那是怎样的艰辛与不易，曾经有多少次，想停下来，但真的要停下来时，却又难以下定决心。

风光啊，河川呀，每次来去匆匆，我们眼里早已没有风景。这时我们才真正地意识到忘了对自己好一点儿……

然而，我们能选择吗？我们还有别的选择吗？

就这样，我们依然保持着惯性跑着，越跑越快，积蓄的能量越来越多，停不下来。然而这条路没有尽头，当量变没有形成质变的时候，就是跨不过瓶颈的时候。我们背负着太多的东西，现金流、人才、市场……跑得越来越累，也越来越无法摆脱身上这些负重，更无法跨过瓶颈，仿佛进入了一个死胡同。于是，我们终于伤到了自己，伤到了心灵的深处。

撞到了南墙，总该回头看一看了吧。

我们回头检视：我们一手所创的企业，虽然是我们的成就与骄傲，却也成了牵制我们自由的桎梏。我们就像一个风筝，飞得再高再远，在风筝的另一头，永远有一根线在拉扯着我们，而那根线，就是我们的企业……

我们不愿让自己的孩子再走上这条路，因为这条路上的各种滋味我们尝过，它会让我们受伤，也会伤到我们的孩子。但是，这就是在中国做企业的人的宿命吗？越来越多的企业人开始反思：企业人到底该怎样去活，怎样去爱，又到底该怎样留下生命的轨迹创造奇迹？

毫无疑问，在今天的中国，企业人确确实实成为了中国比较有能量的一群人。在更多人还是螺丝钉或是一块被搬来搬去的砖头时，企业人已然成为一颗颗裸钻，经过了市场的洗礼与打磨，熠熠闪光。

那么，究竟要如何才能跑得更轻盈？这是每个人都应该了解的。而只有如此，我们才能安慰自己，难道不是吗？

目录

上篇　从学习说起……

中篇 从道破的天机说起……

目录

上篇

从学习说起

......

最危险的，
是你深信不疑的正确，
它竟是错的。
而我们已然付出了代价，
只是，
我们才刚刚知道。

◆ 苦难深重的学习

◆ 扯下戴尔的面具你才能够明白

◆ 企业"做好"与"好做"的分别

◆ 企业家精神与成就世界级企业无关

◆ "造海"的苹果手机

◆ 中国企业中也有"牛"的

◆ 可悲，让人懊恼的误会

我们学习的是我们看见的，并曾经深信不疑的。

比如麦当劳的管理之道。大学商学院的教授向我们津津乐道，麦当劳的流程是如何的标准化，并不无羡慕地如数家珍：汉堡包超过 10 分钟、炸薯条 7 分钟一过，就会扔掉不卖；肉饼必须是 83% 的肩肉与17% 的上选五花肉混制；地区督导常常以神秘顾客的身份考察食品的新鲜度、温度、味道、地板，乃至天花板、墙壁、桌椅是否达到洁净标准，当然，还包括柜台服务员的态度和服务速度的考评标准……

所以，我们学习麦当劳案例的焦点是什么？

是复制，是标准化，以及在此基础上的连锁。

那么麦当劳的竞争力真的是复制，真的是连锁吗？我们一度认为它是这样的，但其实并不然。

那么麦当劳到底赚的是什么钱？麦当劳的真相到底是什么？

用一句话来回答，麦当劳真正在赚的是房地产的钱。

麦当劳对想进入的市场，首先研究的不是当地的餐饮业而是房地产业，火车站的位置在哪儿，地铁站要通向哪儿，政府新的规划是怎样的，从公交站下车后在哪个方向走，马路中间的人流量和马路对面的人流量是怎样的……它不惜重金，浪费更多的时间在选址上，把这一片商业地产都持有下来。可以说，麦当劳公司从表面上看是在负责为加盟商寻找合适的开店地址，实则是透过此，长期承租或购进整个片区的土地和房屋，然后再进行出租，这也成为麦当劳公司主要的收入。所以，麦当劳赚的是房地产的钱。

那么，它会在乎你向它学习标准化，然后制作出比它更好吃、卖得更便宜的汉堡吗？它一点都不在乎。

现在想一想，到底我们学了多少工商企业界的案例，当我们学得越深，离真相越远。

苦难深重的学习

如果你一直学习的是优秀企业的市场运作，那么就让自己处在了永远的比、学、赶、超的旋涡里，这样，只能是让自己的企业成为了一个苦命的企业。

中国企业一直在摸索和学习，我们学习欧美的企业，我们学习日韩的企业，但是有没有发现，我们学习的内容，一直都是基于企业产品本身的市场运作层面，也就是生产运作、市场营销、人力资源管理、财务管理等。而作

为学生，我们做到了足够的谦虚谨慎，我们在私底下也铆足了一股劲儿，那就是比、学、赶、超。我们学习欧美企业，但我们至今还没有哪几家企业真正超过了欧美企业！我们学习日韩企业，但我们到底有哪几家企业真正地走到了日韩企业的前面呢？

现在再让我们回忆一下学习日本企业的事。我们几乎是跟韩国企业同步开始学习日本企业的。但在今天，韩国的许多企业已经超过日本的企业了，如韩国的三星在学习日本的索尼时，称索尼是神，需要仰视；后来三星崛起了，索尼说三星是神，需要向其学习。但是我们呢，我们既没超过韩国的企业，也没有超过日本的企业。

于是，我们这个聪明的民族找到了聪明的理由，那就是学不会。但我们的平均智商在全世界也算是比较高的了，据说，美国人平均智商为 101，日本人为 103 左右，中国人的平均智商达到了 110 以上。

那么还能是什么原因呢？我们又给自己找到了原因，就是我们执行力不到位，于是企业开始了自上而下的执行力革命。要求员工做到，企业老总要率先垂范。于是，又一次把企业的老总拽回了事必躬亲的"老黄牛"位子上，企业的老总更累了。但是，我们还是没能追上他们。

这时，有一件事情正在慢慢发生，那就是中国人做企业越来越累！

我们看到的情景就是这样的：企业里最累的是老板。因为执行力是自上而下开始学习的，而不是员工率先提出来的，所以冲在前面给员工做表率的必须是企业的老板。

于是，员工下班了，老板还在工作，他们甚至连陪家人吃饭的时间也没有。员工星期六、星期天还可以逛街休闲一下，但是他们不行。他们知道，如果公司的业务上不去，他们自己就是大业务员；如果产品出了问题，他们就要睡工厂；如果资金出了问题，他们就要硬着头皮走关系；而如果财税出了问题，他们就要坐牢，所以他们很难轻松下来，也不敢轻松下来。

在市场运作的层面，永远有解决不完的问题，我们看到了自己与那些优秀企业在运作上的差距，就越觉出自己企业内部执行力的差距，于是，就要走在最前面不停下来，像

一头"老黄牛"一样。唯独让自己淋漓尽致地发挥才会心甘，唯独让员工淋漓尽致地发挥才肯罢休。

于是，在今天，做老板累，做员工也累，老板们没了身心的健康，员工也普遍是亚健康。

这里不是说市场运作不重要，也不是说执行力不重要，而是，到底我们忽略了什么，要让我们付出如此大的代价？

扯下戴尔的面具你才能够明白

有人决定了我们学习的内容，以至于我们一直看不到真相，这是一个事实。

戴尔电脑的案例一次次地被听进耳朵里，就快要生出老茧了，不妨在这里再多听一次吧，但我们可以说得简单些，那就是以下几个关键词：

摈弃存货，倾听顾客需要，坚持直销。

一言以蔽之，就是顾客自由选择自己喜欢的配置，通过网站和电话下订单，戴尔按单组装。也因此，其没有库存，也节省了产品通

过中间环节销售所需的时间和成本，从而实现了对客户的直接销售。这便是大家所学习过的案例——戴尔的直销模式。

我们中国的企业界人士，几乎每个人都深信不疑地以为，正是依靠这种基于互联网的大规模定制模式，再辅以高效率的生产流程和科学化的成本控制管理，构成了戴尔公司在个人电脑市场上取得成功的关键。

而且，如果我们了解戴尔的另一件事，可能你就更深信不疑了。

当戴尔公司成长到 10 亿美元的规模时，戴尔本人预感到整合的时代就要来临了，于是，为了不至于遭遇被市场淘汰的厄运，他也一脚踏进了零售渠道。

但结果是，戴尔在取得了一定销售业绩的同时，却并没有给公司带来新的利润，反而出现了亏损，于是又全部撤了出来。

后来，身为老板的迈克·戴尔自己在深刻反思这段在成长过程中所走过的弯路时说："我们违反了戴尔黄金率，那就是绝不进行间接销售。我们并没有坚守固有的信念，反倒听从他人的意见，认为戴尔公司光靠直接销售，绝对不可以维持成长，唯有结合零售渠道来贩售软件、周边设备、电脑等，才有生存的机会。我们花了很多年做了很多功课，才真正地体会到，直接模式事实上是我们在市场上的区隔特色，能与顾客直接接触是我们与众不同的重要特质。"

一直以来，戴尔唯一不让参观的就是它的配件供应与装配系统。也就是说，戴尔摸索出了一套在接受订单后，能快速低成本地实现配件供应与装配的系统，这是它的竞争力优势所在——使消费者可以低价地享受个性化的服务。

另外，IBM 和康柏都曾经模仿戴尔的直销，但都不成功。

以上种种信息都似乎让我们对戴尔的成功是因为它的直销模式更深信不疑了，更确切地说，是它的直销模式和隐藏在背后的供应链管理系统，那就是它的独门武功。

那么，真相是这样的吗？

戴尔自己在谈到戴尔成功的秘诀时说："我们取胜主要是因为我们拥有一个更好的商业模式。"那么，现在的问题是，这个更好的商业模

式就是戴尔的直销模式吗？

戴尔在开始创业的时候，他确实是秉着"直销顾客"的信念的，他以1000美元的注册资金，在一间大学宿舍里成立了戴尔公司。

但是，事情在随后产生了变化。随着企业的发展，他要求供应商在自己企业附近设立零配件集散基地，方便产品的及时运抵。但这样做，供应商投入要大一些，于是戴尔干脆自建仓库，租给这些供应商，这些供应商欣然接受，因为不需要自己来建仓库、管理仓库……

但是隐藏在这条产业链下的巨大现金流大家却没有注意。现金流是怎么产生的呢？那就是，戴尔对消费者的交货期通常是在10天左右，有些国家和地区可以做到更短的时间，但它对供应商的账期却是90天到180天。那么，也就意味着戴尔每时每刻都有一大笔属于供应商的钱在自己手上。

这笔钱到底有多少？在今天，戴尔的营业额是560亿美元到640亿美元，相当于迪拜整个国家GDP的两倍。那么，我们可以大胆想象，戴尔手上到底攥着多少钱，他又会拿着这笔钱做什么。

那么，戴尔用这笔钱在做什么呢？

可能的情形是这样的：

在戴尔办公大楼的一个大办公室里，又或者根本不是在戴尔办公大楼里，但是却有这样一个地方：人头攒动，他们是戴尔的员工，但他们的工作与电脑业务无关，他们只是简单地执行着外汇买进多少，卖出多少，一会儿又买哪支，一会儿又要卖哪支的指令，每天不亦乐乎；他们衣着光鲜，每天他们不是买就是卖，习惯了，以至于他们每个人自己都不清楚自己到底基于什么考虑才卖，又是为何要买进，那么你觉得这一群人在干什么？

戴尔公司在做什么？如果说，他们是在做外汇的交易，而戴尔公司就是炒外汇的庄家，你该不会太惊讶吧？从一定程度上来讲，他们每天要从外汇市场上赚多少钱是由他们自己来决定的，你又该做何感想？

这也便是 IBM（国际商业机器公司）不能和戴尔抗衡的真正原因，所以蓝色巨人 IBM 要卖掉个人电脑业务，这与产品本身无关。

企业"做好"与"好做"的分别

如何把企业做好？

如何让企业好做？

文字相差无几，实则大相径庭。

创业是辛苦的。中国企业家已经习惯了，中国做企业的人的思维模式里创业就该是辛苦的。

我们去问每一个做企业的人，没有不说辛苦的，但是大家已经习以为常。中国企业家的思维模式里创业就该是辛苦的，甚至义无反顾地这样坚定不疑地认为。

原因就是企业家在开始的时候，就是因为不满足于现状才创业的，所以辛苦是自找的，因此也就没想过，做企业如何才能不辛苦。

　　慢慢地，做企业的人每天思考的就是如何把企业做好的命题。但是，把企业做好永无止境。也就是说，是企业家自己走上了不归路。

　　加之，我们始终有比、学、赶、超的对象，所以始终要奔跑向前，所以累。原因就是，中国的企业家，很少问自己，我们的企业如何才能好做。

　　这就如同家庭主妇，如何让饭更好吃和如何让人把饭吃得好是两种截然不同的思维。

　　好吃，意味着不断地在色、香、味上追求，讲的就是功夫、火候，马虎不得。而吃好，它可以是基于营养的考虑，全素也是一种特色；也可以是基于用餐环境的考虑，只要够浪漫不好吃也有人去；也可以是基于与谁用餐的考虑，曾经最抢手的就是与巴菲特用餐，还要给他钱！

　　如何让企业"好做"是从来没有思考过的，

只有好做才是不辛苦的，但是中国企业家一般都不会这样去思考。

那么现在让你重新选择，你觉得让你的企业"好做"是不是很重要了呢？

这也便是这世界上有些企业为什么简简单单地就成功的原因。那么，他们到底做了什么，才让他们的企业"好做"的呢？

比如，肯德基的炸鸡还没开始卖，它就已经开始赚钱了，这样的企业是不是好做？

在过去，我们也是在学它的标准化，它的连锁加盟模式，但是这不是它真正的商业模式。现在，让我们看一下真实的肯德基——肯德基在赚产业链的钱。

肯德基加盟店所使用的鸡，必须是来自于肯德基指定的企业；而这些指定的鸡所吃的饲料，又必须是肯德基指定的饲料企业；而所用的鸡苗，也必须得从肯德基指定的企业采购；至于屠宰，也要到定点企业里屠宰；打针，也要到指定的地方买针剂……什么都是肯德基指定的！原因：这些企业无一不是肯德基的。

一只鸡还没做成炸鸡，但肯德基已经在赚钱了，它真正赚的是产业链的钱。

这也就不难理解，为什么中国曾一度出现的大批近似麦当劳和肯德基的企业，比如"麦肯鸡""麦哈姆""肯乐鸡"等，有些已经退缩到了二级市场以外，有些甚至成了农贸市场门口五元钱两个炸鸡腿的小店，因为它们根本不是麦当劳、肯德基的竞争对手。这跟它们的炸鸡好不好吃无关，与汉堡味道的好坏也无关。

因为我们的这些企业从一开始就去想：我要如何做得好吃？如果与肯德基的炸鸡的味道差不多或超过，就赚钱了。而肯德基想的是：我的企业如何才能更好做，如果我不靠炸鸡都能赚钱那就太好了，这就是肯德基的想法。

可以说，从一开始大家就大相径庭，就难怪结局差之十万八千里了。

企业家精神与成就世界级企业无关

就算中国企业家的精神是世界级别的，也依然难以成就世界级的企业。

在中国，做企业的人每每回忆起自己的创业历程，往往都会被自己所感动，因为太苦了。而中国企业家真正要做的就是给自己的过去画一个句号，否则，就难免自恋。再往前走，就总会想起过去是如何身经百战的，那么，面对未来的路，又怎么能全力以赴呢？

有这样一个事实，很多国外著名企业家给自己画句号的方式就是出一本书：一方面，既扬了名气，又营销了自己和企业；另一方面，对过去做个总结，然后挥一挥手，一切功过都写在书里了，尤其是过去的成功。面对今后的路，就不会用相同的方式去证明已取得的和即将取得的成功了。这样，他们反倒会有新的思维，会更全力以赴，以新的姿态去应对。尤其在思维上，他们更容易接受新的观念，会有质的转变，所以，他们更容易走出一条不同的路。

如果再重新上路，我们甘愿再走一回让自己感动也让别人感动的路吗？显然不会。

那么，你会怎样做？

现在，我们想告诉大家一个远不是我们通常认知的那家宜家，看一看真正的宜家是怎么做的。

宜家，远远不是表面看到的那个摆着精致又便宜的产品的家居连锁店。

又或者，像很多人认为的，在宜家的商店里，有各式的样板间，客人可以把各种产品进行组合直接看到效果，样板间成为宜家的"产

品模特"，使消费者在自行体验中就把产品搬回家了，以为这是宜家了不起的经营特色了。

又或者，从1956年开始至今，他们一直推行"平板包装"，即把所有的产品都做成顾客可以方便安装的零部件，这样对企业的好处是大大降低了运输成本和难度，并且提高了运输的效率。比如，他们会抽掉枕头中的空气等，这些都是宜家率先在业内开始做的，就以为这是宜家低成本的秘密了。

又或者，对那些不买东西或者只买打折、甩卖产品的顾客，他们不但不能给商店带来利润，相反却增加了商店的运营负担，于是，宜家在所有的商店设立了餐厅，这些顾客可能在家具消费上不带来利润，但很可能走累了会在餐厅消费，这样宜家就有得赚了，也因此，宜家餐厅全球的年收入高达16亿美元，以为这就是宜家的技高一筹了。另外，这些顾客客观上还帮助宜家进行了产品测试，因为在宜家，许多摆放的展览产品在展览时，实则都在接受电子检测仪器的测试，记录产品的抗疲劳能力及承载受力等，就以为，这就把宜家看到深处了。

又或者，许多时尚消费品公司看中了宜家，他们把自己的产品摆在宜家的全球商店的样板间里进行展览，这包括苹果电脑公司、飞利浦电子等著名公司的产品，这不但有利于宜家销售自己的家居产品，而且赚取了一笔可观的来自于其他品牌企业的收入，以为这就是宜家的最过人之处了……

这一切的一切都对，但都不全面。

这些都是给消费者看的，但是，作为企业家，该看到什么呢？又或者，作为企业家必须知道的又该是什么呢？

这就要走到宜家的背后去看。下面这段资讯流传得并不广，颇有些"野史"的味道，但却有资料可查。中国企业知道的也不会有多少，包括做家具连锁的在内，他们甚至还没有搞懂宜家，但是却已在"叫板"宜家。

宜家分布于全球40多个国家，雇用了7万名员工，是全球最大的家居商品零售商，也是全球100名最有价值品牌之一。

它创立于1943年，是一个有着半个多世纪

历史的企业。当时，年仅 17 岁的创始人英格瓦·坎普拉德，和我们中国很多做企业的人一样，可以算是白手起家，他从邮购铅笔开始激情创业，现在已然发展成为家居商品零售商。

从产品的设计源头——设计师的工作来看，同样价格的产品谁的设计成本可以更低，这甚至包括是否多用了一颗螺丝钉或者麻绳都考虑在内。试想，如果没有更多的设计师来工作，在产品生产上的低成本又是否真的能做到呢？重视设计，其实不仅仅体现在款式上的研发，而是直接影响到成本。所以，在宜家，哪怕更经济地利用一块塑料板，都是从设计的环节就已被考虑进去了。

宜家全球所有的配送中心和中央仓库大多集中在海陆空的交通要道上。这样，可以大大节省时间。所有商品被运送到全球各地的中央仓库和分销中心，是宜家通过科学的计算来决定的，哪些产品在本地制造销售利润最高，哪些又是要出口到海外的商店的，都经过仔细定夺。

同时，各个"宜家商店"可根据自己的需要向宜家的贸易公司购买，通过与这些贸易公司的交易，宜家可以顺利地把所有商店的利润吸收到国外抵税收，甚至是免税收的国家和地区。

整个供应链的运转，从每家商店提供的实时销售记录开始，到产品设计研发机构，再到贸易机构、代工生产商、物流公司、仓储中心，直至转回到商店，有条不紊。

当然这套供应链的运转，是在宜家服务集团的支持下才完成的。而背后是"新加坡的亚太区 IT（信息技术）中心"，保证了整个地区的系统稳定。

整个组织被完全"扁平化"。如果北京的商店想改变"样板间"的设计，就征求宜家内务系统的意见；需要法律服务，就找宜家服务集团安排；需要新的产品目录册，也有相应的机构来服务；而需要商品，当然是由宜家贸易公司来管。当然，这一切交易都需要支付费用。

在宜家的管理系统中，设计、生产、采购、销售的每个环节，都可能发生关联的管理协议或交易，宜家内部就是一个王国，但是却被安排得井井有条。

这有利于这家公司在不同的国家协调资金的周转，还能合理避税。

宜家的管理极度扁平，权力非常分散，高效的同时，"谁也休想完整地享受宜家的全部管理乐趣，更不要说控制它了"，看来，此言确实不虚呀！

而这背后，谁是真正的无形的手呢？

是设在荷兰的双重基金——英氏－宜家基金。也就是宜家机构的真正后台老板。它下设英氏控股集团，其关系是这样的，英氏基金拥有英氏控股集团所有的账面价值，英氏基金由宜家基金管理控制，但宜家基金的资金来源却由英氏基金提供，背后的潜台词是什么呢？做企业的人一看就明，"安全"！

在英氏－宜家基金和英氏控股集团下，还有两个辅助集团进行实质运作的机构：一个是宜家服务集团，它通过与英氏控股签署协议，负责全球所有商店的管理业务，包括采购、销售、研发等业务；另一个是总部设在荷兰的宜家内务系统公司，负责所有的后勤事务。

这样做，可以实现两个目的。

一是保证宜家不从属或受制于某个国家和政府，

永远处于家族控制之中，即便是政变和战争阶段，宜家都是安全的。

说得直白一点儿，就是为宜家设置了层层的防火墙，以防股东之间的利益争夺，资本市场的恶意收购，以及金融动荡带来的不安全。

让一个组织能永续经营而不受干扰，宜家已然做到了。换句话说，只要人类有消费家具的需要，宜家就会活着。其他原因，都不会令宜家消亡。

二是宜家能够享受到利益的最大化，为达到这个目的，在宜家有来自不同国家的职业律师、会计师、税务专家。他们常常花费巨额经费，通晓各国的税收和贸易政策，他们会抢先在任何合适的地方注册公司，一旦时机到了，宜家机构一天里开一连串商店也不足为奇。

同时，商店开到哪里，宜家服务集团就把一整套的管理模式和组织形式搬到哪里。

这些管理和保障职能包括财务、零售、物流、物业、风险管理、法律、社会环境、公关通信和人力资源，等等。

别的企业是一点点建立和健全的，但是宜家不需要这样的进程，它是一步到位的。

宜家的商店在这个"大管家"的协助下，每天正常运转，周而复始。

宜家支持机构则为商店提供专业的服务支持，包括 IT、餐厅、设备供应、原料采购、目录册、配件供应、货运方案、公务旅游等，事无巨细。

这就是既庞大又严密的宜家，真正走进它，它不是一家商店，也不是一家企业，而是一个王国。

现在，我们该清楚地明白了，宜家根本不是我们想当然地以为它与我们做家具的企业没什么不同。实则，它足以让人震惊。

宜家不仅仅是卖家居产品的公司，它还有金融、房地产和自己的铁路公司，尤其它是一家金融公司。这是宜家得以从容的原因，它才成为了现在的宜家。

现在的问题是，如果宜家是靠着创始人一步步深耕细作，埋头苦干，那它还会是现在的宜家吗？显然不会。

换句话说，我们的企业只顾埋头苦干，企业家即使将个人及企业内的人力资本都做到淋漓尽致地发挥，再苦一千倍、一万倍，我们依然PK（对抗）不过诸如宜家之类的大企业。为什么与世界级大企业相比，再大的中国企业也会变成中小企业？闷头拉车是不行的。

我们来看看我们的企业家们都在做些什么。

民营企业家经常忙忙碌碌，没有自己的时间。你整天在监看工厂的产品，跟踪销售、客服，那你是车间主任，不是老板；公司里的行政、内务、招聘工作也是你在管，那你是行政主管，不是老板；甚至有的老板可能连行政主管都不如，在公司什么活都干，还带着救火队长一般的自豪说："我就是公司的一块砖，哪里需要我就往哪里搬！"那么，你更像一块膏药，哪里痛哪里痒就往哪里贴。

所以，老板不是车间主任，不是行政主管，更不是膏药！

那么，老板是什么？

老板是投资人，找会做事情的人来帮自己做，专业的事情要交给专业的人来做。

老板是搭平台的人，是设定游戏规则的人，找最会玩游戏的人来玩游戏。

我们再回头来看看宜家。宜家为什么能够成为世界级企业？就是因为它设计了自己的游戏规则，而其他人只能陪着它玩。

所以，不要什么都自己干。老板可以不懂得执行，但一定要知道自己需要什么样的结果。

十几年前，马云连电脑都不太会用，但他知道阿里巴巴未来要做成什么样子。他用 600 美元就把当时年薪 70 万美元的蔡崇信吸引过来。老板一定不是去推销自己，而是吸引别人。他靠什么吸引？靠愿景。那年，马云向蔡崇信表达了他想创建 Alibaba.com 这个国际进出口平台的宏愿，他们泛舟西湖，在那里商讨了阿里巴巴未来的远大计划。

王健林不懂建筑，但他搭好了平台，找最专业的人来做。

所以，老板就是投资人，找最专业的团队来为你做事。

也许有的人会说，创业初期嘛，什么都自己干，不就是想节省一些成本。说得好像有道理，但是作为一个老板，如果一直存在这种"省钱"思维，反而是非常危险的。在犹太人的思维里，永远是想办法赚钱，没有钱就借钱去赚钱，而不是省钱——穷人的思维往往是如何省钱。

老板跟员工的思维最大的区别就是富人和穷人的区别。富人花钱买时间、智慧、经验、系统、流程、人才，穷人则花时间省钱，舍不得花钱，什么事都自己干。你宁愿花100元钱来买自己两个小时的时间，还是宁愿花两个小时的时间来省100元钱？富人做决定看价值和效率，穷人做决定则是看价格。对于富人来说，最贵的是最便宜的，最便宜的是最贵的。最贵的员工效率高、创造价值高，富人更愿意花钱买人才。所以，作为一个老板、一个投资者，具有富人思维很重要。

那么，老板应该做什么？

第一，布局。做老板一定要先懂得做布局，为自己的公司设定游戏规则，做产品布局、模式布局、客服布局、市场布局，以及怎样去做整合。

第二，懂得资本。也就是懂得融资和投资，懂得钱从哪里来，要投到哪里去。

第三，整合。怎样去整合别人，无中生有，借鸡生蛋，怎样去与别人合作。

第四，传承。把企业做成一个可传承的局面，别人可以接棒下去。

以上这些都是老板该做的事情，剩下的事情就该交给专业的团队去做。老板要该放的放，该担的担，不能什么事都自己做。

如果中国企业只盯着市场运作，老板就是一个"万金油"，企业哪里不行就冲向哪里，一会儿是大业务员，一会儿是后勤部长，关键时候又是救火队长。那么，从严格意义上说，这些老板只不过是花自己的钱建了一家公司或者工厂，买了很多设备，买了一份工来给自己打而已。这些，与打造商业帝国全然无关。

"造海"的苹果手机

当有的企业在红海里拼杀时，当有的企业在蓝海里偷笑时，有的企业说："我就是海！"

激烈的市场竞争下，到处是红海，有幸在蓝海里游的企业，也不能笑到最后。因为，可能没几日，海水就可能都被染红了！

那么，有没有一种思维，它不管你是红海还是蓝海，它可以造海呢？这便是造海思维。

苹果相对其他手机前辈和大佬，如摩托罗拉、诺基亚，几乎是最后一个进入这个市场的，

但苹果手机爆出来的资讯都能成为国际新闻：

"来看这个产品，它是没有笔的。因为笔经常掉，但手指是不会掉的。你可以用手指来操作，你可以放大，转页，还可以……这不是手机，这是智能手机。未来所有储备的东西都可以出现在这上面，这个手机还可以用来当乐器……"

于是，手机就被当成乐器演奏起来。

新闻发布会上，苹果这样对外发布手机新品。

此时，我们可以想象一下，乔布斯拿出一款手机，开始展示手机的功能，手机拍照、手机音乐播放……可以说，这些功能一一被手机吸纳。

通过乔布斯简单的演示，人们一次次地被苹果的产品所折服。

这一次也不例外，其演示已足以证明，在未来是智能化手机大行其道的时代。正当人们啧啧称羡的时候，苹果宣布这款手机将在 6 个月以后向市场发售。

作为竞争对手会怎样，马上闻风而动，纷纷投入研发自己的智能手机……

一时间智能手机的概念沸沸扬扬，但就是不见苹果的智能手机。于是，人们开始对苹果手机，从外观工艺设计到其商业模式的实施臆想和猜测。

随即，用户的饥饿感被引爆。

用户一次次地上演了排队等待的盛况。

但是，别以为苹果只是单靠卖手机来赚钱。有一天，它的手机就算是送给消费者，也依然是赚钱的。而这又是为什么呢？

今天的苹果公司已不再是那个苹果电脑公司了，甚至也不是生产手机的公司。苹果公司业已成为美国网络音乐的最大经销商，其占有75%的市场份额。而亚马逊的 MP3 音乐商店则位于第二，却仅占有8%的市场份额。

在苹果的音乐商店，越来越多的人们愿意为音乐付费，不再下载盗版音乐。同时，更让音乐产业界议论纷纷的是，苹果公司能够自行定价，而且还控制了和购买者的关系。这一点，我们从苹果公司和运营商谈判时候的强势可以看出。

他们是这样跟他们的合作伙伴说话的："所有喜欢 iPhone 的用户，都是我的用户，而不是你的用户；尽管在使用你的网络，但他们所

有的东西都是在我的网上下载的。"

苹果公司，在今天，以至于未来，都会是牛气冲天呀！

可以说，苹果已经不是简单的苹果手机，而是由此产生的一种全新的商业模式。

它与电信运营商实现捆绑销售。以实现苹果对所需要应用程序的下载，当然，这其中就有收费的。未来，这会给苹果公司贡献利润。

正是由于有大量的应用程序的支持，使得苹果用户的数据下载量更受到消费者的欢迎。它的下载量是其他智能手机用户的 2~4 倍。

未来，其他智能手机的命运让人堪忧！

由于苹果应用程序吸引了大量的用户，这就又引得大量的应用程序人员不断为其开发新的应用程序。苹果公司旗下集聚了一批程序开发人员，层出不穷。

而苹果与开发人员三七开的业务分成模式，保证了应用程序源源不断地增加，单单这里就是一个不错的商业模式。

所谓"梧桐引来金凤凰"。这时，广告商无疑又看中了这块平台。苹果公司的广告业务开始初露端倪，这在未来势必会成为苹果新的营收和利润增长点。

目前，在美国市值最大的500家公司排名中，苹果已是前三甲，另外两家是埃克森和微软。

现在，苹果手机又开始走向企业应用，成为企业内部交流和沟通的工具。员工利用iPhone可进行邮件收发和交流，方便，随时随地，无须企业提供硬件支持，员工自己埋单，这足以让人恐慌，未来，还需要电脑上网来沟通吗？天啊！到时就又不知是哪家欢喜哪家愁喽！

不可否认，苹果对"造海运动"已驾轻就熟，没有市场，它就造一个市场，这就是苹果。在未来它还将缔造更多的传奇，并激起一层层浪花。

现在的问题是，全中国的企业家，你做好选择了吗？你是做大海里的小鱼，还是做湖里的大鱼，还是要做一片海呢？

你会怎样做呢？

中国企业中也有"牛"的

中国的企业家，不要再专注于自己的企业，只顾埋头干了。看看这个世界吧，看看它到底发生了什么。

一个成本为一亿元的工程，要在两年内完成，如果要争取到这个工程，你的标书上会写多少？

有人会想，这么大的工程只赚七个点应该不为过，可以拿下。

有企业报的是一亿元，只想开工而已，大家有口饭吃。

但中标的是谁？是中国建设总公司，九千万元中标。

这决不是耸人听闻，如果有必要，八千万元也未必不行。

亏本的生意！

那么为什么中国的企业会赔钱来拿这个项目呢？

中国建筑总公司（简称"中建"）是以低于成本价来投标的，而且这是他们一贯的做法。所以很多国家的政府工程都愿意邀请中建来投标。如果中建没来投，他们甚至都不愿意开标。

在一个招投标的发布会上，可能的情形是这样的：会议就要开始了，领导叫来秘书，通常会关切地问，中建的人是否赶过来了？如果秘书回答，他们已在下边坐着了，那么该领导就高高兴兴地走向主席台。如果秘书说，还没来，领导的眼睛会一瞪，"那还开什么会呢，找个理由，让大家都散了吧……"

为什么呀？因为工程给了中建，可以节省政府开支！节省财政预算！

那么，是不是中建偷工减料呢？

如果真的是这样，可能中建早就没有立足之地了。因为那样，终会是兔子的尾巴——长不了。

那么，中建不靠偷工减料节省成本，它究竟靠什么赚钱？

他们的做法，可能是让很多人始料不及的。

比如，中建拿到了一亿元的项目。这个项目是新加坡政府的。那么新加坡政府会同时给出一个指标，那就是可以带两万个工人来新加坡工作，因为工程需要人！

那么，有了这个指标就可以做什么了呢？

"哎！兄弟，我有朋友在中建做事啊，他有指标啊，你可以到你的老家跑一趟。"

"回老家做什么？"

"回去带一点儿工人出来，到新加坡做工，每月5000元。一年就是60000元。前提条件，这些工人得做满两年，每个人交5000元钱押金。

"可是，他们没钱交押金的呀！"

"借嘛！想办法。"

"那我要100个名额。"

于是，很多的民工就到处借钱，借钱……

那么，中建有多少钱在手上了呢？

两万个指标，5000元钱一个人，一共是一亿元。

也就是说，中建拿到一亿元的项目，还没开工，就有一亿元的现金了，那么接三亿元、五亿元、一百亿元的项目呢……

而这些工程中建自己哪能干得完？

于是他们选择了承包！

很多来承包的企业缺的不就是启动资金嘛！问谁去借呀，问中建呀！于是中建借给他们就好了。所以，中建面对的贷款客户就是这些人！

所以，中建是一家什么公司？是建筑公司还是金融机构？是建筑公司还是人力资源公司？

相信大家已经明白了，大家的回答是金融公司，是人力资源公司！这就是事实！中建主要赚的是借给工程承包公司借款的利息，难道不是吗？

那么可能很多企业就会问了，难道中建就不能老老实实地做一个建筑公司吗？那么这里，我

们不妨回答一下这个提问：你如果是中建，你认为做一个建筑公司好呢，还是一个人力资源公司好呢？

中建确实是一家让我们刮目相看的公司。值得所有在未来想有大作为、大担当的企业家思考。

在一家建筑企业身上，衍生出一家金融企业、一家人力资源的企业，而自己也不失专营主业的特色；而衍生出的企业又在服务自己的主营业务，越做越大，越做越有竞争力，这是何等的智慧！让人瞠目结舌！

可惜的是，中国企业一直没有在管理课堂上学到一个比较"匪夷所思"的案例，使得中国企业要么专注于自己的企业，心无旁骛；要么就是眼花缭乱地多元化，相关多元化已值得标榜了，但是真正智慧生存的却不多。

可悲，让人懊恼的误会

　　我们一直看到的都是一些企业的市场运作，他们真正的商业模式一直不为人所知，原因是他们根本就不想告诉我们，所以我们也一直觉得照顾好我们的企业就可以成就一个商业帝国了，那不啻于一个神话。

　　有人决定了我们的学习。

　　中国的企业家不是不学习。看一看这几年培训市场的繁荣就知道了，从几千元到几万元、几十万元的课程，很多老板都牺牲了周末与家

人共享天伦的时间，而选择在学习中度过。但是大家学到的多是企业管理的课程，换一句话说，这也让我们紧紧地盯在了企业的市场运作上。

而对于市场运作，那些优秀的企业总是"有戏"，永远吸引眼球，这当中的案例也更为做企业的人津津乐道，也足以让做企业的人觉得开阔了视野。下面的案例已不是刚刚发生的了，但是一回想起来就会让人忍俊不禁。

麦当劳在深圳电视台、深圳有线电视台曾轮番播出的广告：一对俊男靓女坐在桌子前，突然美丽而端庄的姑娘以迅雷不及掩耳之势狂啃桌上的鸡翅，眨眼工夫，鸡翅就只剩下一根骨头了。

"麦辣鸡翅"能够令她仪容顿失，谁还能故作镇定呢？口水悄悄地涌上来了。消费者的眼球被控制了；做企业的人会怎样呢，有了广告的标杆，开始在心里找自家产品的广告差距。

还没等我们做出有针对性的调整和实施有效的借鉴，麦当劳的鸡翅已新鲜出炉，肯德基迅速做出了反应。先是在电视台轮番轰炸"谁让我是烹鸡专家"的广告，接着又在报纸上连续推出了相当多的大版面广告，广告词写得颇为艺术和含蓄："我的独家神秘配方，整整 60 年的烹鸡经验，是不是能随便克隆的？"其中还以大大的问号写着："羊能克隆，肯德基也能克隆？"

大家已经嗅到火药味儿了吧！

紧接着，肯德基又在北京媒体打出了题为《东施效颦》的大篇幅广告。文中说："西施的美，倾国倾城……就好像肯德基的香脆鸡腿堡，那美味，全凭我上校在烹鸡专业上的天分……世界上能有第二个西施吗？"

明眼人一看即知，这则广告直指麦当劳。

两家美国"兄弟"在中国的暗暗较劲儿越来越升级，中国企业纷纷看热闹，隔岸观火，自家的广告也懒得改了，跟风不起！又无不慨叹，本是同根生呀！但也表示理解，同台竞争嘛！

紧接着，肯德基又在全国媒体上纷纷打出广告：一位胖厨师指着一只小鸡说："翅膀还没长硬呢，就想做炸鸡？"让大家看了，足以喷饭……

这两家企业就这样在中国竞争着，我们也随时用这两家的案例来教育我们自己。

这道出了一个事实：企业在市场运作的层面永远有吸引眼球的地方，永远让我们目不暇接，以至于我们一边做着自己的企业，一边盯着的就是那些大企业的市场运作，偷到师后，我们便千方百计地用以管理好我们自己的企业，我们已然掉进这样一个模式里。

可以说，我们的企业家为我们的企业费尽了心血，我们的企业越来越像我们的孩子，以至于在情感上我们愿意为它付出的越来越多，时间、精力，毫不吝啬，而对自己孩子付出的爱多少是多呢？永远都不会多。所以我们永远在付出……

管理没有止境。管理上没有最好，只有更好。所以我们的企业家听了越多的管理课程，越觉得有差距，回到企业就更有永远做不完的功课。

而这也便成为了我们永远感觉到累，永远感觉到不轻松的原因。

但凡创业成功的企业主都有英雄的情结，因为他们已然是英雄，否则他们不会在过去胜出。于是，他们想到的就是超过别人，超越自己。所以当知道了别人在市场运作方面能够做到的，他们就觉得别人能够做到，自己也能，即便没有条件，创造条件也要上。而这也便永远地闯进了创业家思维里，"永远在创业"！

创业家思维正在把中国企业家带进无底的深渊，中国企业家要为之付出更深重的身心的代价。然而他们是社会的中坚，我们是否想过，他们的快乐指数、幸福指数才是社会的财富呢？而不应该成为牺牲的一代！

创业的路上没有岸。有的企业已经意识到了这个事实，提出了永远在创业的口号。但是，永远在创业就该是我们的宿命吗？

这让我们想起一位老人，他是一个冒险家，曾经破了一个又一个的纪录。这天，他要再游一次英吉利海峡，他要完成最后一次才谢幕。

于是，这天他游呀游，开始时他感觉一切正常，但是后来，他觉得累了，这时他在想，可能自己真的老了，有些体力不支了，但是他还是选择坚持着，游呀游。这时海面上雾很大，他有些看不清楚，他心里想，可能是我真的老了，眼睛也开始昏花了，但不管怎样还是要坚持，于是他继续游呀游，他又游了一程，他感

觉到呼吸有些困难了，他想自己真的是不服老不行呀，最后，他举起了手。

船上的人马上拽他上了船。但是，当他上了船之后，几分钟就到岸了。这时他后悔不已：如果我看到岸，如果我知道岸在哪儿，我说什么都会坚持下去的。

看不到岸，所以一直在努力地辛苦着，这不就有如我们做企业的创业家吗？

永远在创业，不知道岸在哪儿，就算企业到了第二代、第三代，如果还是眼里只有市场运作，那么，又哪能看到岸呢？

那么，我们还将是永远在创业。

而我们的思维为什么会一直如此呢？是否我们的思维已经定型？是否可以从思维的另一个角度去找到突破点呢？

固定的思维模式，不懂得学习、改变而让自己变得更轻松，也许这就是我们的悲哀。那么，到底是什么样的思维模式可以打破这个格局？这个思维的真相是什么？

我们以往的思维模式都是如何把企业做好，那么，我们是否也可以换一个角度来思考：如何让企业好做？

就算中国的企业家精神是世界级别的，如果不改变以往经营企业的思维，也依然难以成就世界级的企业。

当有的企业在红海里拼杀时，当有的企业在蓝海里偷笑时，有的企业说："我就是海！"真希望中国企业也能如此霸气地说。

中国的企业家呀，不要再专注于自己的企业，只顾埋头干。抬头看看这个世界吧，看看到底发生了什么。

中篇

从道破的天机说起

……

有一道门，
从一开始就不是为我们开的，
现在，突然露出一道门缝，
我们挤进去，
眼中开始看到贪婪，
也越来越清晰地听到自己的心跳声。

在经济学家曼昆的《经济学原理》中有这样一个故事：

一位发明家发明了一种成本极低的炼钢方法，但是生产过程极为神秘，而且发明家坚持保密。奇怪的是，发明家不需要多投入任何工人或者矿石，唯一需要的是本国的小麦。

发明家被誉为天才。

最初，其他钢铁厂都迫不得已关门了，工人们通过各种方法找到了新的工作，其中一些人成了农民，去种植发明家需要的小麦去了；另一些人则进入由于生活水平提高而出现的新行业里。后来，每一个人似乎都能理解，这是社会进步不可避免的一部分。

几年以后，一位多事的报社记者决定调查神秘的炼钢过程。她偷偷潜入发明家的工厂，终于发现发明家原来是一个大骗子。

发明家根本没有炼钢，他只是非法地把小麦运送到其他国家，再进口钢铁回来。发明家所做的唯一事情就是从国际贸易中获取私利。

当真相被披露后，政府停止了发明家的经营。钢铁价格上升了，工人回到了原先的钢铁厂工作。人们的生活水平又退回到以前。发明家被投入狱中并遭到大家的嘲笑。

毕竟他不是发明家，他仅仅是一个经济学家！

这则故事在说明自由贸易的重要性。由于各国生产成本不同，通过贸易可以实现多赢。但如果没了贸易，有些所需物品就要勉强生产，那么成本就会变高。

但是，这里绝对不是鼓吹自由贸易多么神通，它确实也不可能解决一切。

作为一个国家，最最基本的东西是必须要能够自给的，哪怕很多情况下只是一种储备，一种备用也是必要的！

所以再多阐述自由贸易至上，肯定会遭炮轰。比如，有的人可能就会质问：为什么很多精密仪器或者先进科技，外国人要么打死不卖，要么就漫天要价，而一旦我们自己也有了同类同级别的东西，对方立马降价？所以，能说自己生产的东西没用吗？

所以，贸易也根本不可能重要到一个无可企及的程度。

如果一定要缀上一个案例，很典型的中国测绘行业的冠军企业——南方测绘，就很能说明问题。原本测绘仪器是非常昂贵的，但自从南方测绘也能研发和生产出测绘仪器，进口到中国市场上的测绘仪器的价格就不再高高在上了。所以，在某些时候，进口来的产品是划算的，而有些时候却也不尽然，所以一味地鼓吹贸易的重要性往往会遭到骂声一片。

　　我们在这里讲这个故事，本意也不是阐述贸易的问题，而是想让大家透过这个故事读到另外的味道——那就是，人们在做同一件事情时的思维是不同的，科学家有科学家的思维，经济学家有经济学家的思维。为了解决国民的富裕问题，科学家的思维是要发明要创造，经济学家的思维是在考虑诸如成本、收益、竞争等各种因素的基础之上，如何以小搏大，如何适者生存。

　　经济学家和科学家在面对同一件事情时，比如说经营同一家企业，做法是截然不同的。本故事中的这个发明家实则是一个经济学家。如果他不是因为触犯了法律而被抓（可能他的国家不准许小麦的贸易），那他该是经营企业的不错人选，不是吗？

而如果是你要选择一人来经营企业，你会选择谁，是科学家还是经济学家？相信大多数人选择的都会是经济学家。

　　为什么呢？

　　因为经济学家的经济思维，难道不是吗？

　　现在的问题是，你现在就是企业家，那么，你有经济学家的思维吗？

他们在裸泳，我们却在害羞

在未来你不资本运作别人，那么你就被别人资本运作，独善其身几乎是不可能的。因为我们就处在一个金融资本的时代。中国的企业家恰恰最缺的就是有关金融的知识、观念和思维。

在中国，最缺的不是制造业人才，甚至也不是商业人才，而是金融人才。

对任何一个憧憬在财经界打天下的人来说，罗杰斯绝对是令人艳羡的传奇。

细数起他的身世很多人并不陌生。他和金

融大鳄索罗斯共同创办了量子基金。他在量子基金的10年里，盈利超过4000%，而同时期的标准普尔指数只上涨了不足50%。

后来，罗杰斯与索罗斯分道扬镳，并在37岁的黄金年龄告别华尔街，开始其创造吉尼斯纪录的"环球投资之旅"。一边旅行，一边赚钱。天啊，那是怎样的人生，神仙也要嫉妒的呀！

而对中国人来说，那份敬仰中还多了一份感情。因为他在很多个场合下都说过一句话："19世纪是英国的世纪，20世纪是美国的世纪，21世纪是中国的世纪。"可以说，随着中国的崛起，全球财经界的巨腕们亦真亦假地都表达过这个意思，但我们似乎觉得罗杰斯更真诚。因为，他还说过，他爱中国，他让他的小女儿学中文，而且，他还说，在他游历的这一百多个国家中，他最喜欢中国，很想在中国上海定居。

当然，至今他还没有定居在中国。但是大家总觉得可能有一天，他会移居中国上海……

大师的每一句话都让中国人听上去觉得舒坦，中国人真的为大师倾倒了。

中国人素来尊师重道，很显然，罗杰斯已站到了重量级大师的位置。

从以下这件事情可见一斑：

国际油价从 70 多美元一桶涨到 147 美元的时候，中国的企业看到了商机，纷纷进场。然而，他们一进场，油价就开始跌，而且一直跌到 35 美元。

是中国企业运气太不好了吗？

开始的时候，这些中国企业都是小心翼翼的，当油价从 70 美元开始上涨的时候，就有国际金融机构找他们："要不要购买矿产？要不要签远期石油合同？油价肯定是要涨的，预计可能会涨到 90 美元，此时是最好的时机了……"

当油价真的涨到 90 美元时，有的人就开始追悔莫及了。

当这些机构再找到他们时，告诉他们，油价在下个星期可能会涨到 100 美元。

但是，想一想要承担的风险，他们还是没签。

果然，当价格又涨上去后，企业们开始在心里算，他们亏了多少钱，要是签的话，那该

是多美的事呀！

可是当那些国际机构再次找到他们时，他们还是不敢签。不停在心里算，又少赚了多少钱。

后来谁来了？罗杰斯。

既然罗杰斯说，原油价格会涨到200美元，那么，哪里还有怀疑之理。于是，在147美元的时候，中国企业大佬们开始进场。但是，油价没有到达200美元，而是回到了30美元。30美元是什么概念？那是1980年的价格，是回到了30年前的价格。这怎么可能？但是，它真实发生了。

为什么不可能呢？如果一切是操控的，那么30美元就有可能，如果有必要，200美元也有可能。

我们再继续看看这个故事：中国的一家大企业要收购加拿大的一个石油公司，他们大概花了130亿元人民币，即当时差不多20亿美元的价格。

为此，这家石油公司在2008年的圣诞节晚会上进行了专门的庆祝。为什么？因为他们是在油价147美元一桶的时候把公司卖掉的。四年前，他们曾想把自己卖掉，标价两亿美元都卖不出去，却不想今天20个亿竟然成交了。

悲痛呀！就这样，几个月之间，中国的几千亿美元不见了。这么多钱到哪里去了呢？它在中国不见了，但它不是就此不存在了。

那么，钱到底去了哪里？到底进了谁的口袋？这给我们企业家留下的思考又该是什么呢？答案需要大家去悟，也许，你读了下面的小故事，就会恍然大悟。

一个人约了朋友见面。

"唉呀，我今天早上一觉醒来，七点了，真不愿意起床，但是一想到今天是七号，晚上七点咱们是约好了见面的，所以还是赶紧爬起来，把一天的事顺利做完，否则就误了和你们见面了。

"可是，忙了一整天，再想到跟你们见面的事，已经是差七分钟就七点了。我赶紧奔出大楼，让一辆车子惊了一下，一闪身并无大碍，车子开走了，车牌尾号是7，这会儿一坐下来七点七分，天啊，真是太巧了。"

大家也无不觉得巧，所有的数字都是7。

"天啊，一定要买马，就买第七场七号马，

你们买不买？”

这时，每个人都说买。于是，大家纷纷出钱买第七场七号马，而且每个人都是出了777元钱。1∶7的赔率。

第七场马一被放出来，大家不约而同地喊："7号、7号、7号……"

最后，很对不起，7号马跑了第七名。

但是，谁赢了？现在想一想，到底谁赢了？

那个讲信息的人呀！

拆掉思维里的墙

人与人之间最大的差距就是思维的不同。

相信我们的企业曾无数次地为企业的成长而培训过自己的员工，并带领员工写下企业的愿景，所以对"愿景"这两个字眼儿该是不陌生的吧？

或者，过去你未曾写过也不要紧，现在请给自己一个时间，就在此时，就在当下，把你的愿景写在后面。

不用左思右想，如果写不出来，甚至可以写一个"无"字在那里。这也表示你已写过了，只是没有写出来而已。

　　现在告一段落，不再关注你刚刚写的愿景是怎样的，放在那里就好。

　　现在请跟上以下的步骤，静下心来，把下面的这句话读到心里面：所谓的愿景，看一下愿景里的"愿"字就知道了，也就是"原来的心"，也就是你的使命。

　　现在设法让自己安静下来，想一想你心里面的使命，你背负着怎样的使命？现在，再把你的愿景写下来，也就是把你的使命写出来。就在此时，就在当下，就写在下面的这个位置里。

　　是不是写下的内容已有所不同了呢？好，放在那

里，继续下面的环节——

现在，来看下面的故事，字数并不多，不要求快，读得慢些，争取一次就理解透下面的内容：

想象一下，有一个老天爷的葡萄园。你置身其中，太美了，风吹来时，待在葡萄架下好不惬意。再看那绿绿的叶子下垂着的葡萄，一颗颗犹如珍珠和玛瑙，搅动着我们的味蕾……

这时你突然有了一个念头：唉呀，要是能在这儿工作该多好呀！

这时，有一个人刚好从这里走过，恰恰他也是这么想的。于是他去找老天爷："老天爷，你能否让我在这儿工作？两千元钱就行。"老天爷说："没问题呀。"于是这个人非常高兴地留在葡萄园工作了。

到了下午两点钟的时候，又有一个人刚好经过这里，看到这么美的葡萄园，想要是能在这儿工作该多好。于是他就去找老天爷："老天爷，你能否留我在这儿工作？五千元钱就行。"老天爷说："好呀。"于是这个人也非常高兴地

留下来工作了。

到了四点钟的时候，又有一个人经过这里不想走了，于是他也去找老天爷："老天爷，我能否留下来工作？给我一万元钱我就不走了。"老天爷也答应了。于是这个人也非常高兴地留下来工作了。

到了五点钟的时候，又有一个人经过这里，也想留下来。于是他也去找老天爷："老天爷，我能否在这儿工作？两万元钱就够了。"老天爷也答应了。于是这个人也非常高兴地留下来工作了。

就这样，大家高高兴兴地一边欣赏美景，一边干活，还可以吃到又大又多汁的葡萄。每个人都称心如意地工作和生活着。

但是有一天，他们聊着天儿，突然彼此间知道了自己的薪水和其他人的是不一样的，便有人不高兴起来。到后来，他们甚至骂起老天爷了："你是怎么做老天爷的？你会不会做老天爷呀？！"

老天爷就糊涂了，老天爷说，我只是给了你们每个人想要的而已呀！

从这个故事中我们悟到了什么——

第一，一切所得都源自我们自己的期待。

第二，老天爷给我们的正是我们想要的。

第三，只要大胆开口要求，要得越多，老天爷给得越多。

生命给予我们的，正是我们所期待的，生命所给予我们的绝不会多于我们的期待。但是我们经常会忽略一个事实：通常生命愿意给予我们的，要比我们期望或要求的多。

我们都知道，犹太人是最会赚钱的。对于赚钱的目标和方式，只有他们想不到，没有他们不敢想。

在犹太思维里有三大核心，第一个就是"敢想"。大胆地想，无边无际地想，不符合逻辑地想。

比如，某个企业今年的营业额是一千万元，明年增长30%或50%，甚至增长一倍，这样的目标都符合逻辑；但是，今年赚了一百万元，明年要赚一亿元，这就是不符合逻辑。

而犹太人，往往在做不符合逻辑的事情。

按符合逻辑的做法，即使每年赚一千万元，

没有任何经济危机的情况下，赚到一百亿元要多少年？1000年！可是，实际上有很多公司在短短几年间就赚到了几百亿元！

他们是怎么做到的？能创造奇迹、创造大财富的人都是不遵循逻辑的。

再比如，有人开了一家宾馆，经营得不错，现在用犹太思维来提问他：不用自己的资金，开不开连锁店？不用自己管理，开不开连锁店？他回答说从来没想过，真的有这么好的事情吗？有！因为他想都不敢想。很多人不是做不到，而是想不到；也不是想不到，而是想都不敢想。

所以，一定要敢想。思维决定行动，行动决定结果。

做事规规矩矩、稳稳当当，决定了你要小步小步地走，不敢大步走。

是你的目标决定了你的策略。只要你敢定目标，就会想办法去制定相应的策略。你想提升30%，你的脑袋就会想出提升30%的策略；你想要增长10倍，你的脑袋就会想办法想出增长10倍的策略。

那么，"敢想"的下一步是什么？既然"敢想"，那还得"敢做"——敢于负债，敢于用未来的钱。这也是犹太人的负债思维。在资本市场里，用还没赚到的钱去赚更多的钱。

好了，现在可以再次写下你的愿景。如果一切都不是问题，也不要怀疑它是否能实现，那么你的愿景到底是什么？就在此时，就在当下，把你的愿景写下来：

现在，比较你前后写的三个愿景，是不是不同？

为什么我们被要求做的是同样一件事情，但是结果会不一样？

原因在于我们的思维变了。

现在，你确定你的思维是会改变的了吗？

那么，做企业的人，是不是更应该改变思维呢？如果确定，那么我们再一起做思维的提升吧……

都是勤劳的错

在中国做企业的人中，有被累病的，也有被累死的，话虽然有点儿糙，但却也不失为一个事实。

一只蜜蜂和一只苍蝇都误闯进一个敞口瓶子里。

蜜蜂靠着自己的勤劳一次次往瓶壁撞，试图闯出一条道路，哪怕撞翻了自己也不停去撞，它已累得气喘吁吁了，但还是挣扎着又去撞了一回，再撞翻回来，它就一命呜呼了。而那只苍蝇平日里就没有章法，只是四处飞，它东撞西撞，但正好它飞的方向是瓶子出口的方向，连它自己也没想到的是，它竟然重

裸钻
从创业家到投资家的秘诀

获自由了。

故事中，勤勤恳恳的蜜蜂没有好命，不甚忙碌的苍蝇，却可以不劳而获！

但是，我们每个做企业的人是否有想过，这只蜜蜂会不会是我们自己呢？

我们有时，是不是在心底里不屑那些轻松就赚了钱的企业呢？而我们在此时是否意识到，我们心存的偏见正让我们越来越像勤劳的蜜蜂，可是当我们自傲于我们的勤劳时，我们是否也意识到，它阻碍了自己呢？这会让我们此生很辛苦，也令我们的企业很辛苦，这就是我们真正想要的吗？

现在，我们不妨自问，中国成了世界工厂，辛辛苦苦地为全世界打工，是客观选择，还是我们的主观意识的选择呢？

我们把地球人想象成是一家人。我们主观上勤奋也愿意勤奋，因为我们有这个美德，所以烧火做饭的事自然就落在我们身上了。

然而，"好吃懒做"的人一定会被饿死吗？显然，"好吃懒做"的人都没有被饿死，却反倒

最容易给人惊喜。有一天突然就扬名立万了的大有人在。但相反，那个总是起早贪黑总干活的，通常却命苦得很，因为他认为自己太重要了，他也感到累，有时心想干脆不干了，但是一想到如果自己不干，可能全家人就吃不上饭了，所以就算头痛脑热，也挣扎着爬起来。

现在想一想，这个人是不是越来越像你自己——中国数以万计的中小企业家们。

我们不该同病相怜吗？

某企业总裁的老婆生病住院，要动手术。总裁的企业很大，想一想一个企业要承担几万人的生计，更多的不是骄傲而是责任。

而此时，得知自己老婆住院，并且要手术，自己还在国外，那是一种怎样的心情……

老婆就要被推进手术室的前几分钟，他终于赶到了医院。老婆见到他，没有哭。被推进手术室的那一刻，每个人都感觉到了作为企业家妻子的坚强。但是，想必总裁自己哭了吧，他的心在流泪呀！

伟大是熬出来的！

一个"熬"字，你就会体会那是多么的不易。这位总裁的企业生产的产品的所有配套零部件几乎全部是由自己企业生产的，这样做的目的，质量可控，成本下降，当然供给自己的同时也会供给其他企业使用，甚至出口。但是，国外的产品订单一旦减少，就意味着下属所有的工厂都开工不足，不是一个工厂开工不足，而是全部，那么企业将不堪重负。企业没有一时不紧张，又有哪一刻是老板该轻松的呢？

不是不想轻松；是不敢！

即使个人每天的生活都有几分繁重，但是相比企业每天的运作，相比企业的命运，个人的生活也变得无足重轻，甚至被忽略了。

然而对于这个命题，普通人并不会同情他们什么。毕竟他们成了这个时代的财富精英，所以只会遭到白眼，说他们"身在福中不知福"。所以，谁也不愿讨个没趣。企业家也多不会顾影自怜，因为他们原本就比普通人坚强得多，一颗牙掉了，咽到肚子里便是，并足以让你神色不觉。

这就是中国的做企业的人，过着让平常人

羡慕却自己都不想过的生活。

一个国家的企业家们都是身心疲惫，生命透支，该是一件乐事吗？当然不是！但是，别人能来拯救吗？

关注自己命运的人只能是我们自己。

现在想一想，就算是做着同一个行业，一个人一年5万元，那么你会以为一个年收入50万元的人会比他多工作10倍的时间吗？一个年收入500万元的人会比他多工作100倍的时间吗？答案显然不是！那么，赚5000万元、5亿元、500亿元呢？

比他多赚10倍，甚至100倍、1000倍，或是更多，而在工作上所花费的时间又不比他多，这是为什么？一定是这些人有他们做事的秘密。

这个世界上有一部分人过分地忙碌讨生活，而无法停下来进行真正有意义的思索，所以他们一辈子都没有机会知道这个秘密。

现在的问题是，有一部分做企业的人又何尝不是如此？

同样是做企业，有人经营的资产几百亿元，有人经营的资产几百万元。那么经营百亿企业的人会比经营百万企业的人多花1000倍的时间吗？显然不会！

只因有些做企业的人太忙了，每天盯着企业的市场运作层面的事，总也忙不完。现在想一想，是不是我们的思维在过去一直都停留在市场运作的层面，使得自己每天都要面对那些没完没了的人、财、物问题。而市场运作层面的事，不同的阶段，就会出现不同的问题，只是出现的具体问题不同而已。

就这样，我们中许多做企业的人，始终盯着自己的企业，而无暇真正思考让自己企业成长 1000 倍、10000 倍的秘密。

试想，如果不是思想的突变，企业依照惯性，尤其我们的企业已经被做到了一定的高度，怎么可能在我们的有生之年再成长 10 倍、100 倍、1000 倍，甚至更多呢？

现在，我们透过一位中国人服务国外某大企业时的经历来获得一些启示：

我们首先看看公司是怎么给他做目标的。

其所有支出成本的 3 倍，包括他本人收入及其秘书和助手的收入都算在内的 3 倍，即为他的目标。之后，近一年的时间里，老板们便

不再过问什么了。

直到年终，财务结算的时间到了，公司主席邀请他到办公室。一进门，他就注意到主席旁边有一台电脑，他被示意坐下，随后他看到了一张图表，很简单的两条线，其中一条是他的业绩完成记录，另外一条是公司业绩完成的平均水平。他的业绩恰好在公司平均线之上5%的位置。

主席极其简洁地跟他说："祝贺你，明年这个时候还能到这儿来看这条线。同时，明年你的薪水将增加5%。"然后，谈话就结束了。

后来，同事告诉他，如果业绩线在平均线以下5%的位置，主席就会说："我们大家都是很好的朋友，我不希望工作的原因影响我们的关系。如果明年还是这个样子，那么你就请提早准备去其他地方吧，我就不用通知了。"

发一声感慨：多简单又有效的行为方式呀！

补一句感悟：不关注繁文缛节，就不会产生太多的内耗。

这也更好地说明了中国企业家为什么那么累。

中国企业的创业家思维，使得自己眼里盯着企业的市场运作的方方面面无穷无尽，从而内耗掉了自己的生命能量。其才华也远没有淋漓尽致地发挥，尤其是中国企业家的投资家思维几乎被抹杀殆尽。

至少有一种选择不能视而不见

对有些事情，有的人看着它发生了，有些人让它发生了，有些人对已然发生的事浑然不觉。

对于一个企业来说，有两种可能性：

一种，从小做到大，滚动发展。这是我们见怪不怪的创业家模式。

另一种，把企业未来 60 年或者 120 年可能赚到的钱现在就拿到，然后用这些钱来发展自己的企业。试想，一个企业是有钱更好发展，还是没钱更好发展呢？

现在，我们设定用这两种方式做的企业最后都成功了。第一种方式做的企业，60年后，它成为了它60年后本该成为的样子。那么，第二种方式做的企业呢？60年后，它有两种可能性，或者它有一家成为60年本该成为的那个样子的企业以外，它还会有另外几家企业；或者它的这个60年后的企业已是第一种方式做起来的60年后的企业的无数倍大。

为什么？

因为没钱就只能养大一个孩子，而有钱，可以同时养大好几个孩子呀！

说到这里，可能有的企业家已经知道第二种企业是什么企业了，就是通常所见的上市企业。

曾几何时，企业拒绝上市，怕上市后要受到股民意志的影响，从而影响了公司的战略；怕股价的波动引起员工的躁动，不能安心工作；又有企业直接表达了不上市的想法，因为企业现在并不缺钱。

这都是我们头脑告诉给我们听的。我们有

没有听我们心里的声音？上市后，知名度和企业形象都是一种提升；企业更公开透明了，这给管理者带来更高的要求，也是对企业稳健发展的保障；上市后，我们还可以吸引到更多更优秀的人才；而在营销公关方面，投资者对信息披露的要求能使得企业的产品和绩效更广为人知，新闻报道则是在给企业做免费的广告。当然，还有更多显而易见的好处：上市后可以创造财富，股价将使股东的财富增加，在收购其他公司时，可以以股份收购，这样就不需要投入大笔现金……

而这些不都是我们的心真正想要的吗？问问我们的心，我们的心是不会撒谎的。

我们到底想要什么？不要问我们的头脑，而要问我们的心，"我们到底要什么？"

当然，对于企业家来说，我们不是在这里鼓吹上市至上，而是在心里真心真意地期望，如果我们的企业注定要成功，那么为什么不走一条轻松一点儿的路呢？

如何走一条相对轻松的路？这一点我们要向犹太人学习。毫无疑问，犹太人是经营企业的能手，赚钱的好手。他们经营企业有两扇门和两条腿。两扇门是融资和投资，两条腿是市场运作和资本运作。

如果把市场运作比作爬楼梯的话，那资本运作就是坐电梯，可以快速地到达自己的目标。

那么，市场运作和资本运作的本质区别在哪里呢？

市场运作以赚取产品本身的差价为主要的利润点，靠自己的原始资金来做自己的事情。就像爬楼梯一样，踏踏实实，一步一个脚印，一步步很辛苦，爬得越高就越累。

资本运作则靠买卖公司赚估价，金融资本可以迅速扩张，靠别人的资金、别人的资源来做"我们"的事情。

所有赚大钱的企业都靠资本运作。为什么王健林能成为亚洲首富？靠资本运作。

企业家的思维是怎样赚钱，投资家的思维是怎样让钱变得更值钱。

那么，现代企业不赚钱，是否代表这家公司不值钱呢？

滴滴出行在 2015 年亏损近百亿元人民币，资本市场却对其估值 200 亿美元，如果未来成功上市，则市值近千亿元了；京东上市后连续八个季度持续亏损，但它仍然市值几百亿美元；当当花了十年时间来上市，上市的时候公司也不赚钱，但是市值十亿美元；优酷上市时也是亏钱的，而市值 35 亿美元；亚马逊一年赚一亿美元，但在资本市场值一千亿美元……

　　市场运作和资本运作最大的区别在于：市场运作赚的是百分比，而资本运作赚的是倍数和估价。

　　那么，一家上市公司是如何赚钱的？举个例子。

　　A 公司上市时净利润是 5000 万元，市盈率 30 倍，公司的市值是 15 亿元。A 公司现在需要融资 5 亿元。假如第二年的利润还是 5000 万元，A 公司要花 5 亿元并购以下三家公司：B 公司利润 1500 万元，C 公司利润 1500 万元，D 公司利润 2000 万元，总共收购三家公司的利润是 5000 万元。为什么 A 公司愿意花 5 亿元来购买这三家总利润 5000 万元的公司？对于 B、C、D 三家公司来说赚的是买卖产品的利润，而 A 公司赚的是估价，市盈率 30 倍，所以 B、C、D 三家公司并进来之后，A 公司新的利润是 1 亿元。市盈率是 30 倍，那么 A 公司最新的估价是 30 亿元，并购前是估价 15 亿元，花 5 亿元购买了 15 亿元的估价，所以 A 公司在并购后赚了 10 亿元估价。

那么，是不是一家公司的利润很高才能上市？并非如此。

众所周知，京东、当当在上市的时候都还是亏本的，只是因为它们有一个好的故事，好的模式，估值足够高，足以吸引资本市场的资金进入并成功上市。

企业上市的条件并不是唯一的。当你的企业不足以满足上市的条件时，你还可以和其他的企业家建立合作关系一起上市。

其实这理解起来也并不难。比如你是一家生产家具的企业，虽然是十几年的经营，但未必就能有资格上市。可能仅凭自己的努力，恐怕还要再努力十年。

既然企业从深度来讲还不够上市的要求，那么就要从宽度上着手。

你是否能和一位做传媒的老总合作成立一

家传媒公司呢？这家新公司并不需要由你来运作，因为相对你而言，他更是一个专家，总比你一个外行要做得好。而你则有了另一家传媒企业，因为它经营的是与你企业相关的，可能就是诸如《家具世界》的杂志，正好能同时服务到你的家具公司，当然，也能服务其他家具企业。

以这样的思路，我们会不会有一家物流公司，运输自己企业的产品的同时，也承接其他业务；会不会有一家贸易公司，卖自己家的家具外，还卖其他企业的家具。接下来还会不会有第五家、第六家公司呢？每家新成立的企业都无须你来经营，但把这些企业捆绑起来，却可能已经具备了上市的资格……

在今天，人人都在喊合作，但是企业家间的合作真的不是局限在客户关系，或者仅仅是供应链关系，难道不是吗？

一家企业到底该怎么做，至少我们的企业家，在今天，不要单单从习惯了市场运作的层面去考虑问题了。在市场运作的层面，企业永远面临层出不穷的经营与管理的问题，永远解决不完，难道不是吗？

而且一家企业面对的人、财、物问题，回归到一点上，其实还是钱的问题。而一个企业家如能出离市场运作的角度，跳出我们的企业，俯视我们的企业，走上资本运作的道路，那么再回头解决市场运作的难题，很多问题其实已不存在了。我们的企业也便更好做了。这就是资本的力量，不得不重视，而引进资本运作企业的方式多种多样。上市只是其中一种而已。

但是，很多企业不进行或不屑于资本运作，其实，主要是思维上对自己还看得不够清楚而已。

现在的问题是，中国的企业家，看懂自己和自己所处的环境了吗？这还是个问题……

中国经营十个年头、二十个年头，甚至三十个年头的企业已经有很多了，十年、二十年养成了市场运作的思维，很多时候，企业家就是解决市场运作问题的高手，但同时这也会使企业处于危机当中。你无暇关注的地方，可能才是机会，但你却看不到，而那可能就是企业未来化解危机之所在。而这需要企业家充分地认识自己、了解自己……

一条小鱼在大海里游啊游，她问妈妈，我怎么看不到大海呀。这时一只海鸟从天上飞下来，一下子就把她逮住，叼到了空中。她又惊又吓，呼吸也开始变得困难了，她被衔在鸟的嘴里，拼命挣脱。她终于挣脱了，又掉进了海里。然后，她跟妈妈说，我看到海了……

问问我们内心的渴望，它到底要什么？是不是无比的成功，是不是无比的幸福，是不是无比的荣耀，是不是无比的快乐，是不是无比的自由，是不是无比的富足……那么我们到底实现了哪一个？很多企业家似乎做得很了不起了，其实哪一个也没有实现。

很多企业家已经忘记，他们为何要出发。

有越来越多的做企业的人想法越来越实际，越来越脚踏实地。因为他们的头脑告诉他们，不缺钱了，也有事业了，一切也都可以了，但是心知道，他们真正要的还没有得到，他们距离无比的幸福、无比的快乐、无比的富足还很远很远，而这是他们的心想要的，他们似乎也能感觉到自己身心的分裂，这就使得我们很难做到活在当下。这时危机其实已悄然发生了。所以企业的人、财、物，包括市场、客户就会有很多问题出现，于是他们又忙于应付，一番整治后，他们更是身心疲惫。

很多做企业的人其实都没有去思考，自己的企业出了任何问题其实都是自己出了问题。尤其是创业到很顺风顺水的时候，突然一下子就遇到了困境，追根究底大都是企业家自己出了问题。

通常情况下，如果我们的企业家到了一定阶段如果不思考我们到底需要什么，不去仔仔细细地问我们的心需要什么，毫无疑问，我们的企业家就会由此过上自己心不甘情不愿的生活。和一位企业家聊起过他的理想生活——

把自己的企业做到上市，这是必须要完成的目标。然后自己便不再亲力亲为地经营了，因为那时，吸引到了那么多人才，一定会有更合适的人来经营。上市后自己拿股息就好了。然后带着老婆，喜欢到哪个城市，就到哪个城市，住最想住的酒店，吃最想吃的菜，然后演讲，分享自己的成功。在演讲的过程中，去结缘并发现那些想成功的人、能成功的人，然后

投资他们。他们就是一颗颗裸钻，像当初的自己一样，有无限的能量，追求成功。如果遇到贵人相助，一颗颗裸钻就会在一个好的平台上熠熠生辉，价值连城。他们如果能成功上市，而自己，便又是好几家上市公司的股东……

天啊！这似乎能让我们拥有无限成功的事业，得到无限的幸福，享受无限的荣耀和快乐，获得无限自由的生活，还可以实现无限的富足……我们竟不得不暂且停住笔，先去"神往"一番了……

"轻而易举"地成功

那些新崛起的冠军企业，他们到底做了什么，才能飞速地成功，就算老牌冠军企业，也不得不窥视一番。

新冠军企业的日益崛起，我们只透过一个马云，就能获得很多思考。

马云今天有了"创业教父"的封号，绝对是名至实归的。相较老一辈创业家来讲，他用更短的时间取得了更大的成功。这一点，到目前为止，恐怕还无人能出其右。在创业初期，

马云走过的路和其他创业者的分别并不大。他也不容易，也要过着创业不如打工的生活。这一点，我们可从他太太的视角来看一下。以下是他太太的回忆——

我和马云是大学同学，毕业就拿了结婚证。马云不是个帅男人，我看中的是他能做很多帅男人做不了的事情：组建杭州第一个英语角，为外国游客担任导游赚外汇，四处接课做兼职，同时还能成为杭州十大杰出青年教师……

然而，婚后很长一段时间我都处在一种惶恐中，因为他的意外状况层出不穷……

他忽然就辞职了，说要做自己的事业。然后就在杭州开了一家叫海博的翻译社。翻译社一个月的利润只有200元钱，但房租就得700元。为了维持下去，马云背着麻袋去义乌、广州进货，贩卖鲜花、礼品、服装，做了三年的小商小贩，养了翻译社三年，这才撑了下来。后来他又做过中国黄页，结果被人当骗子轰……

后来，他忽然跟我说想凑50万元做电子商务网站，他很快就找了16个人抱成了团。其中有他的同事、学生、朋友。马云告诉大家，把所有的闲钱都凑起来，这很可能失败，但如果成功了，回报将是无法想象的。他顺便劝我，说他们如果是一支军队，我就是政委，有我在，大家才会觉得稳妥。就这样，我也辞职了，18个人踏上了一条船——阿里巴巴。

初创时期的工作是不分日夜的，马云有了什么点子，一通电话，10分钟后就在家开会。他满嘴B2B（企业对企业）、C2C（消费者对消费者）、搜索、社区之类的专业术语我是听不懂的，但他们开会时我会很忙。他们白天开会，我在厨房做饭；他们半夜开会，我在厨房做夜宵。我顶着政委的虚职，干着勤杂工的事。在没有盈利前，每人每月500元薪金，这点钱买菜都不够，家里的"食堂"要保证开伙，加班开会的夜宵品质必须保证。我本来当老师当得好好的，为什么就成了一个倒贴伙食费的老妈子了呢？

煎熬了一年多，我问他我们现在到底赚了多少钱，他伸出一根手指头给我看。"1000万

元？"他摇头，"1亿元"他还是摇头，最后告诉我："100万元。"

"这么少？"

"每天！现在每一天利润是100万元，将来，会变成每天纳税100万元。"

后来，我们又意识到，儿子也因为我们搞事业而误了"健康成长"。如果说当初他说的回报是指现在的财富的话，这个回报的确很惊人。而我得到的回报是，我成为了阿里巴巴中国事业部总经理。但是，我们也开始管不住儿子了。

儿子，应该也算是阿里巴巴的"牺牲品"。他1992年出生，跟我们的事业同龄。那时，我们家一挤就是30多号人开会，满屋子烟雾缭绕像个毒气室，儿子关在房里不能出来，吃饭的时候跟我们一起吃工作餐。儿子长得越来越像他爸爸，瘦骨伶仃，像根火柴棍支起一个大脑袋。后来我们越来越忙，儿子4岁入托，一扔就是5天，周末才接回家来。

儿子10来岁时，或许是受了马云的熏陶，他对网络格外有兴趣，很快就学会了玩网络游戏，上瘾了，跟着同学泡在网吧舍不得回家。马云对儿子展开了说服教育，可在 12 岁的儿子面前，能言善辩的他败下阵来。儿子只回了一句话："你们都不在家，我回来了也是一个人，还不如待在网吧里！"

马云这次真急了，当天晚上就跟我商量："你辞职吧，我们家现在比阿里巴巴更需要你。你离开阿里巴巴，少的只是一份薪水；可你不回家，儿子将来变坏了，多少钱都拉不回来。儿子跟钱，挑一样，你要哪个？"

看儿子变成这样，我也着急，但是我心里却不平衡：刚结婚的时候我本来就是打算做个贤妻良母，结果被他"骗"进了阿里巴巴；好不容易现在功成名就了，又让我辞职回家做全职太太。他拿我当什么？一颗棋子！

那时正是暑假，马云给儿子 200 元钱，让他去和同学玩电脑游戏，玩上三天三夜再回来。但回来的时候必须回答一个问题——找出一个玩游戏的好处。过了三天，儿子回来了，先猛吃了一顿又大睡了一觉，这才去汇报心得："又累又困又饿，身上哪儿都不舒服，钱花光了，但是没想到什么好处。""那你还玩？还玩得舍不

得回家？"儿子没话说了。加上我的看管，于是，儿子慢慢就远离了网络游戏。

那时正是网络游戏圈钱的时候，盛大、网易都推出了新游戏，按照马云的作风，他是不会放过任何赚钱的机会的。但是他硬是没有去做网络游戏，他在董事会上这么说："我不会在网络游戏投一分钱，我不想看到我的儿子沉迷在我做的游戏里面！"

……

马云并没有三头六臂，他也有过无奈吃苦的日子，他也有寻常人对孩子一样的感情以及对家庭的责任感。

阿里巴巴创业成功了，而且恐怕马云就算再创一家公司，也很难再超越自己的阿里巴巴。其实，阿里巴巴曾两度上市。

第一次是其旗下阿里巴巴网络有限公司，即 B2B 业务于 2007 年 11 月在香港联交所挂牌上市。当时阿里巴巴约有 4900 名员工，持有总计 4.435 亿股股份，此次上市后在其内部产生了近千名百万富翁。而在此前，百度上市曾创造了 8 位亿万富翁，50 位千万富翁，240 位百万富翁。阿里巴巴的造富规模远超百度，创造了新的纪录。

第二次，2014 年 9 月，阿里巴巴集团于纽约证券交易所正式挂牌上市。彼时阿里巴巴共有一万多人拥有股权，分享 200 亿美元，平均每人约 182 万美元，造就的千万富翁超过万人，28 位合伙人和联合创始人成为亿万富豪。阿里巴巴刷新了自己的纪录。第一次上市时，马云在上市公司中持股比例不到 5%，仅为象征性持股。这一点也足够其骄傲的了，微软的比尔·盖茨只持有微软 10% 股份，华为董事长任正非个人持股不到 1%，联想教父柳传志目前在联想集团持股也只有 0.28%。明眼人已明白，马云是要比肩这些人的，所以，马云只此一个事实足以让他一步就踏入云霄……

生命会把我们所要求的给我们，如果马云的企业不想上市，那么这一切都不会发生。如果你对未来的需求模糊不清，老天爷都不知道怎么给你，那么你得到的也会很模糊，这就是我们看到的。

有些人虽也创业十年，但却总是不如意。

现实就是这样，如果你只要求一点点，你就会得到一点点。不要惊讶你只得到的那么一点点，只因那就是你想要的。所以，一定要"敢想"！

你想过如何让企业轻松好做吗？如果没想过，那么你的企业又怎么会又容易又好做呢？

你想过上市吗？你没想过，但是马云想过，于是，大家也便有了区别。

马云从一家小小的翻译社起步，忽悠着太太辞职给他们做起了倒贴薪水的"老妈子"。如今，拥有了市值几十亿美元的阿里巴巴，囊括雅虎、淘宝、支付宝、阿里软件后，马云的太太又离开了总经理的岗位，安心在家相夫教子，看她的样子，比做总经理的时候还惬意，那么，能不能说，他们在一定程度上已然有了无限的财富、无限的自由、无限的幸福呢？他们至少已真正实现了一个或几个，难道不是吗？

创业教父不创业

马云"不再创业"了，他正在实现转型……

现在，我们再从另一个角度来看马云。他既然是创业教父，那么他该比任何人都有资格创业，但是我们看到的实际情形却是让人大吃一惊。

2009 年 9 月 8 日，香港联交所公布的资料显示：阿里巴巴 B2B 公司 (1688.HK) 董事局主席马云售出 B2B 公司共 1300 万股股份，套现 2.73 亿港元。

后来，马云以通告的形式向阿里巴巴员工阐述了此次出售股票的原因。他表示，在阿里巴巴的第一个创业阶段即将结束，而另一个激动人心的新时代即将到来："卖一些阿里巴巴上市公司的股票，是想给自己、给家人一点小小的阶段性的成就感。"

　　马云又不缺钱，怎么会需要这么多钱？那么，他到底为什么要卖股票，从而让阿里巴巴产生地震呢？从其卖了股票之后，阿里巴巴的股票就几乎再没上涨。所以，卖股票对阿里巴巴来讲并没有什么好处。那么，为什么还要卖股票呢？真相只有一个，那就是马云自己需要钱。

　　马云已不仅仅满足于"创业教父"的头衔，他要转型成为一个投资家，这就是真相。

　　马云成为了真正的投资家，2009年9月11日据香港《大公报》报道，刚在9月8日套现阿里巴巴股票所获约2.73亿港元的阿里巴巴董事局主席马云参与了国药控股(01099.HK)新股的申购。

　　据《大公报》报道，国药控股的招股吸引了很多富豪认购，如李嘉诚、李兆基等，其中还包括阿里巴巴董事局主席马云（见下表）。这些富豪的认购规

中冶金 VS（对比）国药控股

	中冶金（H股）	国药控股
集资额	176.85 亿至 195.52 亿元	66.9 亿至 87.3 亿元
招股价	6.16 元至 6.81 元	12.25 元至 16 元
每手买卖单位	1000 股	400 股
入场费	6878.71 元	6464.58 元
09 年预测市盈率	26 倍至 28 倍	28.05 倍至 36.64 倍
招股日期	9 月 11 日至 16 日中午	9 月 10 日至 15 日中午
上市日期	9 月 24 日	9 月 23 日
富豪及基础投资者	李兆基、郑裕彤、刘銮雄、工商银行、GIC、中国海外金融投资、建银国际、中交建旗下投资公司、中银投资、中信泰富	李兆基、李国宝、马云、潘迪生、西京、中银投资、建银国际、中国人寿、GIC、Martin Cumie、Och-Ziff、惠理集团、中国诚通集团
收表银行	中银、恒生、渣打、汇丰合共 29 分行	中银、交行合共 26 分行

中篇　从道破的天机说起……

模大都在 5000 万美元至 1 亿美元。

国药控股成立于 2003 年 1 月，是由中国医药集团总公司与上海复星高科技 (集团) 有限公司共同出资组建的大型医药集团性企业，经营着中国最大的全国药品分销网络。此次国药控股赴港上市，计划将最多募集资金 87.13 亿港元……

而这一切也并没有什么可匪夷所思的，马云就是一个这样的人。

马云 1995 年投身互联网并到处推销他的中国黄页时，曾被当成骗子被赶得到处跑；1999 年，当网络英雄们的门户网站一个个如雨后春笋般长出来时，他却独自开发 B2B 模式，人们称他是疯子；而当他说要在 5 年内把阿里巴巴做成世界前十名时，更是被喊成"狂人"。后来，阿里巴巴进入了世界互联网前五强之列，马云又提出了新的目标，要将阿里巴巴做成世界第一，做成一个能活 102 年的企业……从阿里巴巴电子商务网到淘宝网、支付宝、阿里软件、中国雅虎，从 B2B 到 C2C，到搜索引擎的拓展，他的每一次出招都令人费解。

但是，当迷雾消散，马云的真正目的才水落石出。

这就是马云，做事时秘而不宣，等到人们意识到时，他的游戏已经结束了。

马云想做一个投资家，现在该是"司马昭之心路人皆知"了吧，有些专注于实业的企业家根本就不屑，但是马云哪里会管你"屑与不屑"。

2010 年，云锋基金成立。为什么叫云锋？因为这是马云和另一位合作伙伴虞锋共同创立的。除了马云、虞锋之外，创建者还包括巨人网络董事长史玉柱、五星电器创始人汪建国、新奥集团董事长王玉锁以及银泰投资董事长沈国军等几位业界巨头。云锋基金将主要针对互联网、消费品和新能源三个领域投资。很显然，马云、史玉柱、虞锋将当仁不让地专注于互联网投资，去发现一颗颗裸钻，然后再将这些裸钻切割精美"上市"；二次成功创业的五星电器创始人汪建国和拥有丰富的百货业、房地产业及资本市场经验的银泰投资董事长沈国军主要负责消费流通领域的投资属合情合理；始终致力于清洁能源生产与应用的新奥集团董事长

王玉锁主要关注新能源领域也是情理之中。

现在，商界也屡屡上演"创而优则投"。柳传志、段永平、马云等虽未脱离自己创立的企业，但已建立了投资平台，雷军、邵亦波这些全身心投入投资领域，并实现华丽转身的人已大展拳脚；李曙君、李开复等成功的职业经理人转为天使投资人……更有人干脆卖掉自己一手办起来的企业，如大中电器的张大中、乐百氏的何伯权等。如今，何伯权的名字在"7天连锁酒店""久久丫"等品牌下熠熠发光……

而马云从一个创业家实现到投资家的转变也是水到渠成的事。从气质特点来看，马云是一个孔雀型的人，愿意做的就是明星。马云是外语老师出身，英语说得好，所以比别人更有被海外媒体关注和了解的机会。包括《福布斯》杂志，也是因为马云出色的演讲才关注他的。而海外媒体中第一个发现阿里巴巴的，还得算是美国的《商业周刊》。

可以想见，当《商业周刊》的记者在杭州的一个居民区住宅里找到阿里巴巴，看着里头黑压压坐着20多个人，地上还满是床单时，该有多么吃惊！

2000年7月17日，《福布斯》杂志的封面故事是这样描写马云的：深凹的颧骨，扭曲的头发，淘气的露齿笑，一个 5 英尺高、100 磅重的顽童模样。

马云后来说，看了这期《福布斯》后，才知道"自己其实有多丑"。

正是这本和《财富》杂志齐名的《福布斯》杂志，有史以来第一次将一个中国企业家推上了它的封面，这很容易吸引到海外投资人的注意。当阿里巴巴网站还是个牙牙学语的孩子，而这个孩子未来有多大的出息，怎么养才会有出息，还在难以把握的时候，贵人出现了，孙正义投资马云 2000 万美元，并助推了阿里巴巴的业务在海外的发展……

马云尝到过资本的好处，所以他转身做投资家也便合情合理了。

现在的社会走过农业文明、工业文明、知识经济文明，已然到了资本文明的时代。时势造英雄。成为一个投资家几乎是最直接的成功方法，因为这顺应了时代的发展。

马云现在还不会像当"创业教父"时一样，

给别人指点江山，还不是时候。现在邀请马云出席论坛或是做一个演讲时，他往往还是"老生常谈"如何创业。

演讲虽然还在做，但马云已经"不再创业"了。这就是听众的悲哀！相较而言，看我们这本书的读者就不那么悲哀了，至少我们应该知道真相，至于我们要怎么做，那是我们自己的权利。

笔者曾听过两句颇让人回味的话。一个人怯生生地问上帝："我可不可以在祈祷的时候抽烟？"上帝大怒；后来这个人又说："我可不可以连抽烟的时候也在心里祈祷呀！"上帝大悦。

可以说，马云正处在边祈祷边抽烟的情形之下，所以这令很多人不舒服，尤其是那些创业粉丝们。当然，还包括阿里巴巴的员工。但是，相信有一天，无数个曾一度是裸钻的企业入了马云的法眼，并纷纷飞上枝头成了凤凰后，人们便会了解，马云做投资的时候并没有对阿里巴巴放手，那么该有多少人感动呀！

这些年来，马云携云锋基金和阿里巴巴投资动作频频，优酷土豆、乐视体育、UC 浏览器、快的打车、高德地图、圆通快递等都获得云锋或阿里的投资，其投资面涉及文化、移动社交、本地生活、物流等多个领域。2015年，云锋基金频频向健康医药领域发力，陆续投资了广州制药商白云山医药、恒生电子旗下的在线医疗恒生芸泰、深圳华康全景等医药项目。

显然，马云已转型成功！

我们不能再乖下去了

最乖的孩子不一定有出息，企业也是这样，太乖了，不上市、不投资、不多元化，看似四平八稳，其实，缺少经历和波折，在未来才更容易受伤最重。

在全球经济活动日趋复杂的情况下，一个看似简单的经济合同也开始变得玄机重重。让我们一起读读下面这个故事：

加利为了给一个贫困的教区求助写了一封信给一个有钱人，意思是想让这个有钱人以慈善的目的赠送几车煤给教区。

有钱人回信了："我们不会白白送东西的，不过我们可以半价卖给你们 50 车煤。"

加利马上代为表示同意要 25 车煤。

但是交货三个月后，加利既没付钱，更没再提买煤的事，有钱人只好寄出催款书。

加利回信："你的催款书我们没法理解，你答应半价卖给我们 50 车煤，减掉一半，25 车煤正好等于你减掉的一半，这 25 车煤我们要了，那 25 车煤我们不要了。"

这就是这个复杂的社会。而在这样的背景下，我们怎么能够不多加留心？

如果认为专注于自己的企业，老老实实做自己的企业就安全，不会惹祸上身，那就大错特错了。

20 世纪 80 年代的日本牛气冲天，汽车和家电都出口美国，而且最令美国人难受的是日本三菱企业竟然收购了洛克菲勒中心，它就像麦当劳和可口可乐一样，是美国精神的象征，但是，它

竟让日本人给买下了。国际金融炒家和美国政府"同仇敌忾",给日本的经济一度带来了不小的危机。

后来,亚洲又出现了"四小龙"跟"四小虎",结果,索罗斯出面开始阻击泰铢,不久就发生了亚洲经济危机,"四小虎"死了,"四小龙"还剩下一只半。再后来,外资大量涌入,又爆发了越南经济危机。

中国的企业绝大多数还没有真正地经历过危机,一旦中国爆发了经济危机,我们的企业怎么办?你能挺过去吗?这是从大的经济环境来做的假设。

现在,我们再看看那些巨头的企业,当你真正知道了肯德基的赢利模式,当你真正知道了苹果的赢利模式,当你真正知道了戴尔的赢利模式,当你真正知道了宜家的赢利模式,你还能稳坐中军帐吗?如果你就是他们的同行,你觉得你要用五十年超过他们还是一百年或两百年超过他们?如果他把你当成竞争对手呢?可能你的企业分分钟都不能存活。这话虽然残酷,但这却是随时都有可能发生的事实。所以,我们能长久地庆幸下去吗?一旦竞争开始,结果会怎样,不言而喻。

所以我们的企业不能再埋头专注做一个行业一个

企业了，长久下去会怎样？

经济危机来的时候，大多数企业肯定吃不消，如果被国外大公司列为重点竞争对家，那么你很可能被踩死，或被收购。而想让自己受的内伤轻些，能够上市的就赶紧上市，拥有了更多的快速扩张的能力，即使有个风吹草动，至少自己还身强力壮。

现在越来越多的人意识到做企业和个人理财是一样的，不要把风险放到同一个篮子里。多元化还是必要的，但是却不能胡乱多元化。相关多元化从长久看来也未必是对的，比如原本做洗衣机的企业去做冰箱、彩电……什么都做，只要是家电，相关多元化风险低。其实不尽然，如果这一年大家都节衣缩食，都不购买大额家用电器了，会怎样呢？也就是说，如果家电行业受冲击，那么企业不就全线溃败了吗？！

我们看看李嘉诚是如何做投资的。

李嘉诚的核心业务主要有八个方面，港口、房地产、酒店、零售业、能源、电信、基建、

金融投资。这些投资是有对冲性的。什么是对冲？对冲就是互补，两个行业有互补性。也就是说，这两个行业我好你坏，要不然就是我坏你好，这种投资很保守，也不可能是利润最大化的投资，但却能做到风险最小化。而这便是李嘉诚的智慧之所在！

可控制结果的叫投资，不可控制结果的叫赌博。

又比如李兆基，他的地产项目曾一直是亏的，现金流一直为负，差不多连续 5 年都是如此。试想，如果是你的企业，连续 5 年不赚钱会怎样，早就破产了吧，但是为什么李兆基不会，原因是他手上的另两个资产，租赁和煤气业务是赚钱的，三者正好对冲。

又或者创而优则投，像马云，成功创业后就去做投资，这是一个不错的选择。

无论如何，只是一味地想把一家企业做好，已经再没有什么值得标榜的了，因为时代真的不同了。

从创业家到投资家

可控制结果的叫投资，不可控制结果的叫赌博。

现在，让我们转移下视线，再去看一下苹果电脑公司创始人史蒂夫·乔布斯。

乔布斯 20 岁时开始创业，"苹果电脑"在 10 年间从一家只有两个小伙子的车库公司扩展成了一家员工超过 4000 人、市价 20 亿美元的国际大公司。令人意想不到的是，传奇的乔布斯 30 岁时竟被自己所创办的公司炒鱿鱼了。这

就是资本的意志。一家企业如果不上市，不让自己壮大，那么又会怎样？很显然就会被更有实力的公司打垮。所以对于资本，你爱它也好，恨它也罢，它就是如此左右着我们，在未来，将有更多的企业受到资本的左右，这甚至跟上市不上市并无关系。

乔布斯说："就这样，曾经是我整个成年生活重心的东西一夜之间就不见了，令我愕然，走投无路。随后几个月，我实在不知道要干什么好。我成为了一个非常负面的公众示范，我甚至想要离开硅谷。"

那种被驱逐的痛苦，那种痛，该是如坐针毡的滋味吧，或许就如中国的一句话，打掉了牙往肚子里咽的滋味。

但是乔布斯又是笑到最后的人。在接下来的 5 年里，乔布斯开了一家叫作 NeXT 的公司和一家叫作 Pixar 的公司。Pixar 公司就是制作出了世界上第一部完全由电脑制作的动画电影——《玩具总动员》的公司。谁能想到，苹果收购了这家公司，阴差阳错使得乔布斯又重新回到了苹果电脑公司。而 NeXT 公司发展的技术，居然成为了"苹果电脑"后来得以复兴的核心。

如我们所看到的，后来苹果公司又回到了乔布斯时代。

现在，我们大胆臆想一下，马云会不会有一天被迫离开阿里巴巴，就像王志东离开新浪一样。因为有一天，如果"资本"想说了算的话，那是一点情面都不讲的，更何况，马云在阿里巴巴原本就是象征性持股，连5%都不到，加上后来变卖了一些，股比就更少了。

那么马云会怎样？会像王志东那样，也让阿里巴巴成为自己永远的痛吗？还是像乔布斯一样，再创立一家公司，又恰好被自己原来创立的公司收购？显然，上面提到的两件事虽然都发生了，但都不会是马云的选择。马云已然是一个投资家，如果有需要，他会以投资家的姿态，重新吃下阿里巴巴的股票，从而再重新拥有对阿里巴巴的拥有权。这该是一个不错的剧本吧！

最后，缀上一个小故事，让我们认真品一品它的味道吧。

有一个人在很绅士地抽着一支雪茄，很香。

"好像不便宜吧？"一个人过来跟他搭话。

"两美元一支。"

"好家伙，那你一天抽几支呀？"

"10 支。"

"天啊，你抽多长时间了？"

"40 年了。"

"什么，你好好算算，如果你不抽烟，这些烟都足够买下这家漂亮的百货公司了！"

"噢，这家百货公司就是我的。"

下篇

像犹太人那样思考

......

"钞票有的是，
遗憾的是你的口袋太小了。
如果你的思维足够开阔，
那你的钱包就会随之增大。"
犹太人如是说。

◆ 金钱流通的背后隐藏着什么秘密

◆ 拿别人的钱做"我们"的事

◆ 高手都在设计"驴子背后的故事"

◆ 如何切割裸钻成为钻石

◆ 好的企业家一定是路演高手

犹太思维的运用，首先要激发梦想，再颠覆思维。

因为一个人做事成功与否，首先得看他是否有梦想、有决心。

今天的你是谁不重要，重要的是明天你将成为谁。今天也许你身无分文，但是你有志向、有梦想。每一个有志向、有梦想的人都值得尊重、值得喝彩。

有梦想、有志向去创业，要想成功，必须下定决心。不是"想去做"，而是"决心去做"。"想去做"遇到困难会打退堂鼓，有后路；"决心去做"会把后路堵死，一个劲儿往前冲，破釜沉舟，不给自己留任何退路。

站在投资人的角度，是否投资一个项目，主要看两个方面：一是看项目有多大的潜力；二是看人，看项目的负责人有没有能力完成这件事。

投资人首先看重的往往是人。人比项目更加重要。项目再好，负责人不行投资者也不会选择投资。

那么，投资人会选择什么样的人去投资呢？他应当具备哪些特质？德行、爱、执行力、智慧……这些特质都很重要，但是最重要的是，如果这个人没有决心的话，投资人一定不会参与到项目里去。

"决心"这个词，说的人很多，但是能真正做到的人却很少。一个没有决心的人，对未来是不明确的。

为什么不明确？因为他并不是在做自己真正想做的事情，他的兴趣不会太大。他只不过是想赚些钱，没有更大的梦想，这样的力度是不够的，决心也是不够的。

决心是所有企业家最重要的特质，对这件事你究竟要下多大的决心去做。

真正想把企业做好做大，除了有决心，还必须有魄力。否则只能是赚点小钱，而不能成就一项伟大的事业。

一个老板，不管是首次创业，还是已经创业成功，如果没有决心和魄力，在未来成长的路上，要如何去面对所有的困难和挫折？资金困难、政策困难、社会环境困难、团队问题、客户问题等，如果没有决心和魄力，如何去摆平这些障碍？

一路上，你会遇到太多的事情。员工会有员工的事情，主管会有主管的事情，老板会有老板的事情；创业做小老板会有小老板的困惑，大老板也会有大老板的担心。每个阶段都会有每个阶段要发生的事情，你是否能保持着激情，是否依然有决心坚持下去？

在此之前有些企业家已经做得很成功，赚了不少钱，但是现在却在走下坡路。他们曾经成功，是因为他们具备一些成功者的要素，很勤奋、努力，很用心地关心自己的团队，很用心地服务客户，很用心地研究产品，很用心地去做好每一个细节，一点一滴都很用心地做，所以企业会获得成功。而后来又为什么会走下坡路、会失败呢？是因为他们赚了一点小钱后就开始忘乎所以，以前曾经做过的所有努力如今看来都无所谓了。也不再用心，把成功者具备的基本要素都忘记了。

你回想过去，你在赚第一桶金时的冲劲是怎样的？你每天是一种怎样的感觉、怎样的信念、怎样的状态？现在赚了一些钱了，都忘记了什么。企业家遇到的第一个最大的心理障碍，就是小富即安。

所以，千万不要被现在的胜利冲昏了头脑，要想成为一个真正的企业家，成就一项伟大的事业，你的魄力和决心一辈子都不能少。

如果连这个决心都没有，整天唉声叹气，遇到环境不好要抱怨，这不好那不好。那么，你就是一个怨妇，而不是一个企业家了。

抱怨会让一个人的能力下降。抱怨是因为你没有能力去解决它，所以才会去抱怨；没有勇气去面对它，所以选择抱怨。所以，抱怨也等于无能。

市场环境不好，政策对自己不利，那就想办法去解决问题。办法总比困难多，不怕市场不景气，就怕自己不争气。

改变不了环境，改变不了社会，改变不了行业，但企业要活着，企业要发展，企业唯一能改变的只有自己。改变自己的产品，改变自己的营销方式，改变团队，用心地去改变，才能把企业做得更好。

一个真正成功的人从来不会唉声叹气。因为他没有时间抱怨，只会全力以赴，克服所有困难，没有任何借口。

没有哪个总给自己找借口的人会成功。选择了创业这条路，就是选择了一条不平凡的、艰难的路，你要咬紧牙关。有时候真的很痛，很困难，哪怕是睡到半夜三更时，委屈没人懂，把牙齿咬碎了也要自己吞下去——只有这样一种决心，才能把企业做好。

今天你是谁不重要，重要的是你每天和谁在一起。

根据吸引力法则，一个人身上的正能量越多，就越吸引正能量的人；反之，身上的负能量越多吸引来的负能量也越多。自己的立场要坚定，不能被负能量影响。

一个手掌有两面，有太阳的地方就会有阴影，我们不能只盯着不好的地方看，而是要多看别人的优点和长处。给别人机会就是给自己机会。

爱与感恩是人类有史以来最大的正能量。活在感恩里你会发现生命无限美好。

去到任何一个平台，要主动去解决问题，而不是制造问题。

一个人真正的成功，别人佩服你的不是你有多少资产、多少钱，而是你对别人做了什么、奉献了什么，给别人带来了什么帮助。别人敬重你的是你的人品，你再多的资产、再多的钱都跟别人没有关系。别人认不认识你都照样活得好好的，所以不能用你的资产去看待别人，更不能用你的资产去跟别人沟通。

老板有一个很重要的特质，就是总有办法能让别人喜欢他，而不是他去讨好别人。一个人心里有真正的真诚，愿意无条件地为别人做事情，愿意去帮助别人，别人就会敬重他、喜欢他。

有术无道的话，是没有根的。有根才有树，否则走不远。

万法归于心，用心去生活，用心去感受，用心去经营自己的企业，用心去交朋友，用心才能收到更大的能量。

作为一个老板，还要懂得主动出击。主动争取机会，主动争取路演，主动提问题，主动与别人整合资源，主动去看项目，主动了解对方……凡事主动，全力参与，不要做观众，而是要跳下去游泳。

金钱流通的背后隐藏着什么秘密

美国通用汽车公司的高级专家赫特曾说过一段耐人寻味的话："在私人公司里，追求利润并不是主要目的，重要的是如何把手中的钱用活。"

犹太人会赚钱，是因为他们了解货币的本质，通晓金钱的能量。足够了解，所以能够轻松玩转。

那么，货币的本质是什么？是价值的交换。如果说花钱买不来价值，那就是没有意义的。货币必须流通，流通速度越快产生的价值就越大。

我们可以举个例子来看看，金钱流通的背后有些什么秘密。

在举例之前，我们还得知道另一件事，那就是关于诚信的问题。

在犹太人的经商体系里，诚信是最重要的。如果说货币是有形资本的话，那么诚信就是一种无形资本，最有价值的无形资本。在犹太人看来，你可以没有钱，但是绝对不能没有诚信。同样地，在我们的社会里，没有诚信也将会寸步难行。

为什么诚信如此重要？为什么说它是一种无形资本？

关于金钱流通的秘密和诚信的重要性，我们通过下面这个例子就可以窥见一二。

有一位 S 先生，他的公司破产了，身无分文，唯一的资产就是诚信。也就是说，他的朋友相信他是一个做事信守承诺的人。

按照通常的思维，既然破产了，没钱了，那就去打工吧！但是，S 先生不这么认为。他认为，虽然他没钱，但他有诚信，诚信就是一种资产，现在正是充分利用这个资产的时候。

他会怎么做呢？

他想对接高端的客户资源，但他身无分文，什么都没有，对方是不会和他玩的。他想进入高尔夫俱乐部和高端的社交圈，想借钱，但他手里没有项目，能够借到钱的成功率是很低的。

但是换一种思路：假设他是有钱进账的，他把借来的钱放到自己的账户走一下过场。这笔钱不用来投资，只是在银行账户上做一下流水，这样他的银行账户可以获得更高的资质。也就是说，他可以借来 500 万元存在自己的账户上，用来养大他的账面金额，以及提升他与银行的关系。

这个时候，诚信就显得至关重要了。如果他是一个有诚信的人，他会得到朋友的帮助。

他把借来的 500 万元存进 A 银行，成为 VIP（贵宾）客户。VIP 客户有 VIP 客户的标准，这时 S 先生就可以对接 VIP 客户的圈子了。同时，他还用这 500 万元存款申请抵押贷款，又贷了 500 万元（一般来说只能贷 90%~95%，为了叙述方便，统一使用 500 万元）。那么，在 S 先生手里的还是 500 万元，可是对于 A 银行来说，他们做了两笔业务。

然后 S 先生把这 500 万元存进了 B 银行，同样的，他又贷款了 500 万元，与 B 银行也做了两笔生意。

有人说，那 S 先生存了 500 万元又贷了 500 万元，他的资产还是为零啊！是的。所以，S 先生做了一个银行大额保险。也就是说，他用 500 万元买了一个保险，再用这个大额保单去保险公司办了一个 500 万元的贷款。

S 先生在银行是一个净资产 500 万元的人，但是他买了一个大额保险，那么他的负债是在保险公司，而不是在银行。

这时，由于 S 先生在 A、B 两家银行都是 VIP 客户，他同时会得到两家银行的高额信用卡，一张的授信额度为 50 万~80 万元。那么，两家银行的授信额度加起来就有 100 万元了。

然后，S 先生再走进第三家银行，C 银行。这家银行可以内保外贷，也就是说，在 C 银行存款，同时从 C 银行的香港分行进行贷款。

那么，S 先生现在有了三家银行的信用卡，加进来有 100 多万元的授信额度。这时，他把 500 万元存款取出来，把三家银行的贷款和朋友的借款都还清了，但是他手里多了 100 多万

元的授信额度。

有了授信，S先生再创业的起步就高了很多。

用100万元做300万元的事，一定要懂得去整合。

对于这500万元，S先生的朋友如果没有借给他，只是静静地躺在银行的账户里，这500万元对S先生的朋友、对所有的事情都没有任何影响，因为它没有流通起来，没有产生任何价值。但是因为S先生的朋友把500万元借给了他，并在三家银行进行了流通，而他也成了三家银行里净资产比较高的客户，这就是这500万元流通所产生的价值。

所以，金钱是用来交换和流通的，流通速度越快它产生的价值就越高。

什么样的钱才是自己的钱？ 只有花出去的才是自己的钱，换来价值才是自己的钱。犹太人说的"花钱买价值"，就是这个意思。

所以，不要问别人赚了多少钱，而是要问花了多少钱。也就是说，富人是花钱思维，穷人是省钱思维。赚钱是脖子以上的事。犹太人有一句很经典的话：金钱就是种子，种在哪里长哪里；种在肚子长脂肪，种在脑子长智慧；肚子饿了咕咕叫，脑袋饿了睡大觉。所以说，投资在大脑绝对稳赚不赔。

再讲一个关于金钱流通的故事。

一个男士带着女朋友去旅游，到了某个小镇，住 V 酒店时要求先看房。酒店老板说，看房需留下 1000 元钱当押金，房子看中了用来抵扣房费，没看上就全额退还。于是，男士付了押金，两人看房去了。

这时，一个月前给 V 酒店做电力维护的电工来了，酒店老板还欠着他 1000 元维修费用。于是，酒店老板把刚才那个男士交的 1000 元押金支付给了电工。

刚好电工又欠着从五金店购买电工设备的 1000 元钱，于是电工拿着 1000 元还给了五金店老板。

那五金店老板前段时间在酒楼里请客吃饭，账还赊欠着呢，他就把电工拿来的 1000 元钱给酒楼结账。

而酒楼老板的朋友远道而来时，就住在 V 酒店里，房钱还没给。于是，这 1000 元钱又回到了 V 酒店老板的手里。

这时，男士和女朋友看房出来了，对酒店房间不满意，于是老板把 1000 元押金还给了他。

那么，这个小镇发生了什么事情？所有人的债务都还清了。

如果没有那个男士的 1000 元押金呢？债务还在。但是，他拿出了 1000 元，而且这 1000 元还在小镇里流通了起来。就这样，把所有人的债务都还清了，这就是金钱流通的意义。所以，把钱存在银行里，没有流通起来是没有意义的。

犹太人往往不会把钱存进银行，因为年息有限，而会把钱投资在有潜力的项目上，合理使用资金，千方百计地加快资金周转的速度，减少利息的支出，增加商品单位利润和总额利润。在犹太人眼里，衡量一个人是否具有经商智慧，关键看其能否靠不断滚动周转的有限资金把营业额做大。

俗话说："花钱如流水。"金钱确实流动如水。它永远在不停地运动周转流通，在这些过程中，财富就产生了。

这也就是金钱流通背后的秘密。

拿别人的钱做"我们"的事

当传统思维遇上犹太思维的时候，就像拳头遇上了子弹。

传统思维是"我有多大的头就戴多大的帽子"，我不喜欢负债，我有一元钱就做一元钱的事。实实在在，不好高骛远，用自己的钱、自己的资源、自己的资金、自己的经验、自己的力量去做自己的事。

犹太思维则是用别人的钱、别人的资源、别人的资金、别人的经验、别人的力量做"我们"的事。

传统思维是赚钱，犹太思维是值钱。传统思维是羊毛出在羊身上，犹太思维则是羊毛出在牛身上，让熊来埋单，关键是最后大家都能共赢。

犹太思维的核心就是一个"借"字，借鸡生蛋。怎么借？这需要整合的力量。

什么是整合？我们来打个比方。

一个橙子怎样分给大家更公平？有人说横切，有人说竖切，有人说有几个人就切几块。这些都不是正确的解决方案。

首先，我们必须得懂得什么叫"公平"？公平就是一定要先了解对方的需求，然后再满足他。

那么，一个橙子究竟怎样分才公平？你要榨果汁，我要做陈皮，那么所有的橙子肉给你，所有的橙子皮给我，这样才是最公平的。

整合也是一样，一定要先了解对方的需求。整合就是用自己本身有的资源去换所需要的资源。我有你所需，你有我所需，双方互换，可以满足价值的最大化。

首先，整合就是置换。

我有我的产品，我不想用现金来购买我的所需，而是用我已有的产品来和你置换；对于你来说，我的产品是你的刚需，但是对于我来说，却是常规产品。同样的，你的常规产品对于我来说也是刚需产品。那么，你我就可以进行整合，也就是置换。置换品对对方来说必须是必需品，而且附加价值大。

　　比如，一家卖大米的公司和一家健康医院，两者都想用自己的产品和对方进行整合置换。医院有健康体检名额，每人368元；卖大米的，一袋大米183元，用两袋大米可以换一个体检名额。卖大米的公司有十几个员工要做体检，而医院的食堂又恰好需要大米，双方就这样做了一个置换。

　　如果卖大米的公司用现金购买体检名额，那么不一定要来这家健康医院，但是进行了资源置换之后，卖大米的公司只能来这家健康医院，而且还一次带来了十几个名额，给医院增加了业绩。

　　同样的，健康医院如果用现金购买大米，

也不一定会买这个公司的大米，但是因为进行了资源置换，健康医院也只能与这个公司产生交易。

所以，在整合置换上，大家都同时增加了自己的业绩，同时又不用花现金，这是双赢的事情。

其次，整合就是"借"。

怎样才能更好地进行整合？没有条件就创造条件，没有资源就整合资源，没有平台就加入平台，造船过河不如借船过河。

我不行，但我们行；我不懂，但我们懂。

再打一个比方。

我们要抓蝴蝶，那么是应该拿着一个网去追蝴蝶，还是应该让自家花园里的花灿烂开放吸引蝴蝶？当然是吸引蝴蝶！

那么，问题来了，张三只有一朵花，李四也只有一朵花，而我有一个花园，怎么把蝴蝶吸引过来？

把张三李四们的花"借"到我的花园里，"我"的花园就变成了"我们"的花园，一起来吸引各种蝴蝶，各取所需。这就是一个很好的整合。

所以，要想把企业做大，就要把我的企业变成我们的企业。要做好整合，必须要有心胸、格局，不能一味强调"我的"。

又比如，有一家公司现在估值市价是一亿元，如果要融资一千万元，就要用 10% 的股权来吸引资金进入。假设李嘉诚先生要加入这家公司，但是他只投一元钱，就要占 10% 的股权。这家公司本来打算融资一千万元，现在却只有李嘉诚先生的一元钱，你们说这个公司愿不愿意？愿意！

为什么？因为李嘉诚的能量所带来的价值远远不止一千万元。也许这个公司现在估值一亿元，李嘉诚加入以后就估值十亿元了。

有能量的人有口碑、品牌、经验、资源、平台、影响力、感召力、号召力等，做一个有胸怀、有格局的老板，用股权去吸引有能量的人加入自己的团队。

所以，找有能量的人做股东，找有能力的人做员工。员工是公司的手和脚，股东就是公司的心脏和头脑。不要想着让有能量的人帮你干活，这是错误的。有能量的人的加入，会让你的公司跑得更快，飞得更远。

不要以为李嘉诚占了便宜，也不要以为这家公司吃了亏。有付出才能有回报，最大的负能量是占便宜和索取，最大的正能量是无条件的付出。你越是无条件地付出，你得到的就会越多，你越是想占便宜，你得到的就会越少。

再次，整合就是"一加一等于王"。

一个行业加另一个行业就是一个新行业的王者之尊。

至于怎么分蛋糕不重要，重要的是有共同的愿景和志向，并且把事情做好。在创业前期的公司不要过于纠结占有股份的多少而浪费了融资的时机，而是要快速引进资金和人才。

融资，融的不仅仅是钱，还有资源、关系、能量、口碑、品牌、平台、客户、影响力等。也就是说，这些股东带进来的不仅仅是钱，钱是最基本的，除了钱之外还有其他更重要的东西。

一个公司并不是有钱就能做得起来的，而是需要依靠其他很多重要的资源。所以说，"一加一等于王"。

最后，在整合的背后还有另一层意思：朋友是用来麻烦的。

你的关系为我所用，我的资源为你所用，互相

"麻烦"，如此产生更大的价值，这样才体现出朋友的真正意义。

所以，"麻烦"的意思不仅仅是想让你帮我做件事情，还有另一个意思，就是我想跟你走得更近些，我想要更了解你。因为只有更了解你之后，我才知道我应该跟你走得更近还是保持距离，是要做普通朋友还是更进一步，是做一般的合作伙伴还是做战略合作伙伴。因为我需要了解你做事的标准、高度、认真程度，必须有了解、有对接，才能做更深入的决定。

所以麻烦不在于事情本身，而在于麻烦的背后，我对你的了解。我现在要来麻烦你，我已经准备好了等你来麻烦我。

如果大家是朋友，却没有很好的互动，那么停留在这一个层面上的关系是没有意义的。产生不了更多价值的关系都叫成本。感情是短暂的，价值才是永恒的。朋友之间要经常互动，没有互动的关系都是成本。用时间建立感情，用感情建立信任，有了信任才能合作。没有信任基础的合作都是不长久的。

高手都在设计"驴子背后的故事"

大家都听说过许多关于犹太人的智慧吧？这样一个智慧，那样一个智慧，这样出招，又那样出招，他们到底与我们有什么不同？思来想去，一句话总结：他们从开始经商创业的时候起，就一直具备一个投资家的思维。

作为一个具有投资家思维的企业家，必须懂得布局。

在一个企业的布局里，什么是最重要的？不是你的产品布局，而是模式布局。这里有一个著名的犹太人的故事，我们可以通过这个故事来说明模式有多重要。

一个农民养了一头驴子，驴子有好一阵子没精打采的了，农民想，赶紧卖掉吧，否则死在自己手里就不值钱了。

幸运的是，他的驴子竟然卖掉了，100元钱成交，农民拿到了100元钱，非常高兴。

买主是一个犹太人，他第二天来牵驴，可是驴子竟然真的死了。

农民庆幸驴子是在死之前就卖出去了，同时也有些不忍心，不过他还是硬着头皮说："我卖你一头驴，可我又没说是活驴还是死驴呀！"

犹太人见此情形，就收下了死驴。

几天以后，农民又遇到了犹太人，见犹太人乐呵呵的，觉得奇怪，心里想，买了死驴该是愁眉苦脸才对！尽管有些不好意思，但还是禁不住好奇心的驱使，向犹太人问起驴的事。

犹太人也就直说了。

原来他领回死驴子后，就想了一个办法。他搞了一个抽奖的游戏。每张2元钱，发行1000张，中奖率是千分之一。1000张彩票很快

就卖掉了，卖了 2000 元。

那些花 2 元碰运气的人没有中奖，就当是游戏了一回，所以没中奖也并不是很影响心情，还是挺高兴的。而中奖的那个人，见是一头死驴，很不高兴，怎么办呢？犹太人又花了 100 元买了一头活驴给他，他骑着驴子高兴地吹着口哨走了。而犹太人自己也赚了 1900 元，所以，最后大家都皆大欢喜呀！

农民张大嘴巴说："你居然是这样赚钱的，难以理解！我还是回去买小驴子养大，再卖出去赚差价，不管怎么苦怎么累，这样赚钱心里踏实一点。"

这就是驴子背后的故事。高手都会设计驴子背后的故事。只有不懂的人还在玩驴子。

然而故事还没有完。

二十年后，这个农民带着三头驴子出现了。他自己牵一头驴子，第二头儿子牵着，第三头孙子牵着。他们牵着三头驴子去集市，又见到了犹太人。

这个犹太人自从懂得设计驴子背后的故事之后，他已经建立了自己的投资银行，在世界十多个国家开办了自己的业务。而农民呢？还是在买卖驴子赚差价，二十年之后，只不过是由一头驴子变成了三头驴子，一个人变成了一家人。

我们的企业家总在辛辛苦苦埋头苦干，赚市场运作的钱，从一千万元到三千万元，二十年之后依然是叫儿子们来接班，赚差价。

然而，懂得设计驴子背后的故事，赚钱就会变成一件轻松容易的事情。

还有一个现实版的驴子背后的故事，这是一位 P 先生的现身说法。

一次，有十个人一起去吃饭。其中的 P 先生看气氛很活跃，就趁热打铁，说要和大家打个赌："刚才进来那个服务员，等会儿我把啤酒从他头上倒下去，搞湿他的头发、衣服，他不但不会生气，还会很开心，并且谢谢我，你们信不信？"

众人纷纷摇头："不信。"

P 先生说："赌注 200 元。我做到了你们每人输我 200 元，我做不到我给你们每人 200 元。赌不赌？"

于是，另外九人每人拿出 200 元放在桌子上，总共 1800 元。P 先生也拿出了 1800 元。

这时，服务员进来了。

P 先生对他说："我们这一桌人每个人都有特异功能，你相不相信？"

服务员："什么特异功能？"

P 先生："我们这个杨老板，他可以用自己的牙齿去咬住自己左边的眼睛，你相不相信？"

服务员："我不相信，这怎么咬？"

"那你敢不敢赌？赌 100 元！"

"赌就赌！"服务员不服气地拿出 100 元拍在桌子上。

这时，杨老板把他的牙齿拿出来往左边的眼睛咬了下。服务员一看，原来是假牙啊！虽然心里有点郁闷，但是也只能愿赌服输，服务员在大家的笑声中走了。

其他人对 P 先生说："你把服务员搞生气了，你还怎么倒酒给他？"

P 先生胸有成竹："放心吧。"

几分钟后，服务员又进来了。P 先生又说："我们这里还有特异功能的，这位老周先生可以用牙齿咬到他右边的眼睛。"

服务员学聪明了，跑过去动了一下老周的牙齿，是真牙。他说："我不相信！"

"赌不赌？"

"赌就赌！"又是 100 元拍在桌子上。

结果老周把他右边的眼睛摘下来放到嘴巴里咬了一下。

服务员又惊呼，原来眼睛是假的！他不高兴了，生气地走了。

第三次，服务员又端菜进来了。P 先生叫住他，他说不赌了。

P 先生说："我再跟你赌一次，如果你赢了，我给你 400 元；如果你输了，我也给你 200 元。不用你拿钱出来赌。"

"这一次赌什么？"

"我也有特异功能。"

"你的眼睛、嘴巴、鼻子、耳朵是真的吗？"

"是真的。我的特异功能更厉害。你闭着嘴巴，一瓶啤酒"咻"的一声就会倒进你的胃里，你信不信？不过呢，我练十次有九次是成功的，有一次不成功可能会弄湿你的头发和衣服，你愿意吗？"

"没问题！但你不能强行撬开我的嘴巴。"

"当然不会。"P先生说，"你要闭上嘴巴准备好了。"

服务员闭上了嘴巴，P先生就用啤酒往他头上使劲浇啊浇，把桌上所有的啤酒都倒完了。

P先生说："对不起，我的特异功能没练好，我给你400元钱。"

服务员很高兴地把脸一抹，说："哈哈，我赢了！"

P先生最后赚了1600元。

这就是老板，老板要懂得设定游戏规则。而对于这个服务员来说，他可能一辈子也想不清楚是怎么回事。

犹太人教我们学会设定让钱进来的规则，给对方期权、股权，还是给对方债权、项目，或是其他？所以，我们一定要学习。

通常情况下，资本的进入不仅仅代表钱的进入，你还需要对方去做一些事情。所以，学会设定游戏规则很重要。玩游戏的人不会懂，只有老板才知道驴子背后的故事。

所有的大公司都有自己的游戏规则。

比如，苹果手机在2007年进入中国市场时推广的是苹果一代。当时它的策略是免费送手机，只要充够足够的话费。当时的手机大佬是诺基亚、三星、摩托罗拉，它们都靠卖手机赚差价；而苹果手机却不是靠卖手机赚钱，免费送也依然赚钱。

对于苹果来说，手机就是驴子。它是全球最大的商场，全球最大的软件公司，全球最大的平台，全球最大的电信公司，用户每打一元钱的电话费，要给它一角钱……它玩转了所有模式，它改写了游戏规则。以前大家都是靠卖手机赚钱，它推广时却免费送手机，设计手机背后的故事。

因为我们不花时间来布局我们的公司、系统、规则，就只是简简单单为了产品买卖赚个差价，所以我们的企业家才做得如此辛苦。

老板是企业最高级的设计师。老板可以不懂执行，但是一定要知道自己要什么，把布局设计好了才能吸引人才，吸引投资人，吸引团队、招商、合作等。

很多传统的项目，通过资本的布局、设计之后，便开始腾飞了。

如何切割裸钻成为钻石

企业不怕问题多，就怕问题多、当老板的你又看不到问题——这样的企业其实已经站在了悬崖边上而不自知。

知道问题在哪里，并且愿意去解决，愿意让企业摆脱旧的模式——那么，你的企业就开始要从悬崖边上回来了。

我们的企业家要学会在自己的企业身上找问题。有问题，就解决问题；不好做，就让它"好做"；必要时，"我"的企业还要变成"我们"的企业。

让我们来看看中国的大多数中小企业都存在的问题。

第一，对于大多数传统企业来说，缺乏清晰的商业战略和一个好的盈利模式都是最主要的问题。在传统企业里，盈利模式单一，传统守旧，唯一赚钱来源就是靠买卖赚差价。同时，企业的商业战略模糊，定位不清，规划很零乱，不知道自己要做什么。

第二，缺团队，缺人才。在很多中小企业里，招不到好的团队。人才不是招不来，就是留不住、干不长；或者是团队执行不到位，企业文化太过匮乏单一。在这种情况下，公司里只有老板最厉害，没有高手来帮忙，老板只能亲力亲为，像个救火队长。所以，老板才会这么累。

老板不是专项专家，不应该是专业上最厉害的，而应该是设计游戏规则的人和搭平台的高手。把平台搭好了，把愿景设计好了，最后要什么样的结果，每个板块都找相应的领域里最厉害的高手来帮忙就可以了。

所以，布局很重要。布局好，才能吸引人才和资金。

第三，缺资金，缺资本。在多数情况下，其实缺资金并不是真的缺钱，而是缺一套让钱进来的模式。也就是说，布局做得不够好，模式不够理想，系统不够完美。一个好的项目，如果一整套可被投资的商业模式都做好了，资金自然会被吸引过来。

如果一个项目到处去找钱并疲于找钱的话，说明这个项目不好。好的项目会有人抢着要。如果你的产品连朋友都不敢卖，说明你对自己的产品没信心。

然而，在我们的传统企业的传统做法里，资本意识太欠缺，很多时候不懂得去用免费的钱，不懂得借用资本市场里的钱，而是去借贷。银行贷款贷不了，他们就去找高利贷。借贷的资金成本太高，很难行得通。

曾经有一个试验项目，需要融资 3.5 亿元。从表面看，这个项目很高大上，很风光惹火。但投资人一了解，资金成本量太高。这个项目所有的环节、细节都是自己做，没有借助外力与合作，并且靠借高利贷来做这个项目，后续又没有很多现金流。那么，每个月有高额利息，又缺少现金流，投钱之后又不是一下子能产出，可想而知，资金压力巨大。即使负责人说这个项目未来可以做到20亿元，但是也有可能还没等到那一天，项目就做不下去了。所以，未来再美好也不能不顾眼前的死活。

所以，能够吸引整合是很关键的。增强资本意识，设计好布局和模式，只要项目好，不怕没钱找。

第四，不懂路演，缺少好的平台资源。传统企业没有路演意识，更没有想过要去设计一个好故事来吸引人。同时，好的平台少，缺乏资源对接窗口。其实，一个好的项目，只要有一个好的平台，一推它就起来了。可是，很多时候项目很好，产品很好，甚至模式也很好，却没有合适的融投资平台去推广。

第五，缺管控，缺运营。很多中小企业不够系统化，一看就像是个体户，没有公司化的整体系统运作。要么是传统管理，方法简单，多头领导；要么是无系统，无机制，无流程，无标准。这种做法最累的就是老板，而且也很

难吸引高手进来。具备一套完整的运营管控系统，有一套好的执行机制，这是对一个正规化的企业的基本要求。要想吸引资金，把企业做大，至少得把企业的基本做好。

在犹太思维里，存在以上问题的企业是很难成为一颗裸钻的。什么样的企业或项目才能成为一颗裸钻？他们具有什么样的潜质呢？

第一， 一家具有裸钻潜质的企业，必须有强烈的使命感和正确的价值观。

第二，老板的思维要从企业家转变到投资家，具有全局思维。

第三，裸钻企业要具有可改造的基因，也就是拥有好项目或者好产品，甚至是一个好概念。

第四，拥有乐观进取的专业团队。

那么，裸钻被切割后的力量有多大？以"传播犹太智慧，创造华人奇迹"为使命的犹太商学院，正致力于帮助众多中小企业重新布局，打造"裸钻"，让企业发生质的变化。以下几个企业就是由犹太商学院辅导打造后的"裸钻"，熠熠生辉，大放光彩。

第一颗"裸钻"：沙米中国。这是一家在沙漠种

中国第一个沙漠稻米展示馆

稻谷日渐成熟

植大米的农业企业。在犹太商学院专家团队的辅导下，两年时间，沙米中国导入"互联网＋众筹"商业模式，企业估值从2000万元迅速增长到8亿元，开启上市模式。

沙米中国从一颗裸钻成为一颗真正的钻石。

犹太商学院院长潘伟成（左）与沙米中国董事长滕飞（右）签订战略合作协议

现在的沙米基地已经是绿地似翠

第二颗"裸钻"：美德鲜。仅仅是从一个概念开始，犹太商学院专家团队就能从无到有，借鸡生蛋，参与辅导美德鲜生态农业仅仅 8 个月时间，企业就做到了市值 2 亿元。这是裸钻被切割后的力量，也是资本的力量。

犹太商学院院长潘伟成（右）与美德鲜董事长庄仲锐（左）达成协议

潘伟成院长（右一）带领专家顾问团到美德鲜进行参观指导

第三颗"裸钻"：黑龙江大庆中医骨伤病医院。这是一家有着 20 年历史的家族企业，在犹太商学院的改造下，由原来的单一赢利点变成多项盈利模式，一朝蜕变成为估值 7000 万元的新三板准上市企业。

犹太商学院院长潘伟成（左）与黑龙江大庆中医骨伤病医院院长王敏慧（右）签订战略合作协议

黑龙江大庆中医骨伤病医院

第四颗"裸钻":古木演义。这是广东传统家具行业异军突起的一支新秀,以红木家具为载体传承家族精神和文化,专注打造古木传承领导品牌企业,通过创新模式,仅4个月时

潘伟成院长(中)带领专家顾问团到古木演义进行参观指导

古木演义——值得传世的红木家具
为福布斯全球上榜富豪,创作家族传承红木家具

犹太商学院院长潘伟成（右）与古木演义董事长葛西华（左）

间，让企业业绩实现几何式爆炸增长，企业估值迅速翻倍。

那么，应该如何切割裸钻，才能令其成为钻石？

第一个案例：项目很好，要抓到点子上。

这是一家做智能家居系统的公司，包括从产品生产到安装，再到终端服务。它的优势在于未来的市场潜力巨大，很多高档社区都刚刚开始关注普及智能家居。这些社区的业主不是不接受智能家居，而是不了解这样做的好处。

那么，这家公司存在什么问题？第一，没有自己的品牌。智能家居面对的是高端消费群，高端客户消费不是看价格，而是看价值。他们不是随便找人来做，而是看品牌。强势品牌才有忠诚度，散客是没有忠诚度的。所以，它的品牌强势在哪儿？如何让人找到它？第二，没有自己的整套商业模式。第三，如何迅速地联合更多人一起去推动这个项目？

这是一个很传统的项目，很多资源没有用上，资本市场上的资源更没用上。那它应该怎么做？第一，要进行全国布局。这个项目的市场空间很大，但是它的布局需要重新定位；第二，要进行品牌推动；第三，要设计好一整套模式，让大家愿意跟你合作，产生病毒式的裂变，而不是自己慢慢搞、慢慢做。

项目的整个规划战略、品牌推动，以及市场布局、模式布局、团队布局，都需要重新打造。这一整套都规划好之后，可以去整合别人。你会变得比以前轻松，不用花钱去整合一些厂家，而是用市场订单去收购这些厂家和公司，或者合作，而且可以利用他们的资金来做市场开拓。

这就是"借"。

第二个案例：任何没结果的活动都是成本和负担。

凌飞电器是一家生产小家电的工厂，做了九年，现在一年的营业额是几亿元。传统的工厂都没有想过做招商和整合，但是通过犹太思维的跨界整合、借力借势，这家工厂做了一场不一样的年会。

这家工厂是生产电风扇的，所以客户都是来批发，拿货回去卖。这家工厂每年的年会都做得不错，但是做法非常传统。然而，从犹太思维的角度来看，没有结果的活动都是成本和负担。如果创造不了结果、价

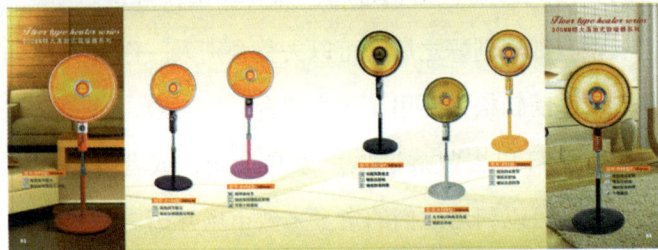

凌飞电器重在追求品质

犹太商学院院长潘伟成与凌飞电器董事长谭薛珍签订战略合作协议

值，办活动干什么？又累又不赚钱。

就像犹太巨富洛克菲勒说的："紧紧地看住你的钱包，不要让你的金钱随意地出去，不要怕别人说你吝啬。每花出去一分钱都有两分利润的时候，才可以花出去。"

通常情况下，策划这样一场年会，包括奖品、客户回馈等，需要花费20万元以上。而结果是，通过犹太思维的专业策划，这场年会比往年省下了12.8万元的活动费用。整个活动流程系统包括了奖金计划、配送、招商模式、打包模式等整合手段，最终这场年会在半个小时内订货超过 700 万元，两天之后总共订货一千多万元。甚至有些人连货都还没看过，就先交了预付款。这场年会活动创造了这家工厂开办以来从来没有过的纪录。

一家工厂居然也可以做招商？是的，犹太思维就是这样把所有的资源都整合起来了。

所以，公司团队存在的所有问题都是老板的问题。老板一定要清楚自己的定位，用投资家的思维去思考，像犹太人那样去思考。

第三个案例：定位精准，树立行业新标杆。

所谓家族文化，就是中国人早在几千年就开始形成并一直传承至今，以姓氏为中心，以血缘、土地为纽带，以家人、家具、家谱以及祠堂、祖先祭祀等为内容和形式的一整套礼仪制度。

家族传承的观念对中国人来说由来已久，中国的传统文化，很多都是在家族文化的基础上产生，并通过家族传承的方式保存下来的。那传承家族文化的最佳载体是什么？是红木家具。

红木是一个长在天地间，吸收天地之精华的生命，即人与自然的和谐。红木家具是一种很静，没有一点戾气、器形很正的家具，它用无声的形式教人要"正人身继而正人心"。所以说，红木家具是家族文化最好、最贴切的传承载体之一。

作为中国传统家具行业异军突起的一支新秀——古木演义深谙此道。在红木家具行业"重材轻艺""以次充好"的普遍现象中，中国传统家具行业无可避免地遭遇资本寒冬。但古木演义却在低迷的市场环境中杀出一条新出路，逐渐成为行业的新标杆！

那古木演义到底是如何做到的呢？

第一，明确品牌定位。

大部分的传统家具企业都是老黄牛思维，即买卖家具赚差价。他们看不到驴子背后的故

古木传承领导品牌企业

事，所以一生都在做勤勤勉勉的老黄牛。古木演义站在资本的角度，明确提出"古木传承领导品牌"定位，以红木家具为载体对家族文化和精神进行传承。

中国几千年灿烂的文化瑰宝，不论是唐诗宋词、书画、建筑，还是家具，都可以用诗意一词来形容。而红木家具的"诗意"往往都体现在家具的工匠精神和传统工艺里。古木演义专心做家具，但古木演义的红木不仅仅是家具。因为它始终秉承不一样的初心，它

精益求精、精雕细琢的工匠精神

榫卯结构，手工雕刻，天工之巧，倾注工匠毕生心血

的初心归纳起来就是——问世、出世、传世。问世，是初衷，坚守精益求精、精雕细琢的工匠精神，做好每一件精品。出世，即传统工艺按照纯榫卯的古法结构制作。传世，通过工匠精神、传统工艺以及挑剔的选材，把家族的荣耀、文化、精神提炼出来，作为家训、家风、家族灵魂铸进家具中，通过子孙代代不断流传下去。

古木演义传世的不仅代表着血脉的延续，更是荣耀与精神的传承；古木演义的意义就在于精益求精地打造一件能代表家族荣耀与精神的家具臻品，让家族荣耀与精神随臻品传世！

第二，商业模式够性感。

"互联网+"的到来，令"互联网+"企业以破竹之势迅速席卷整个市场，让很多传统中小企业还没反应就已走到尽头。但是，当政府工作报告中提出"工匠精神"时，古木演义却嗅到了新的商机。

古木演义结合自身核心优势，及时调整原来单点盈利的模式，将工厂、选材、展厅、销售、金融、售后联合起来，打造一体化经营模

式。通过家族传承与红木文化的结合，打造有故事的个性化家具，并把传统卖场变成了红木体验馆，既为大众普及了传统文化，又让家族文化得到传承。通过营销模式、商业模式、金融模式、运管模式的有效设计，为古木演义的上市之路打下了坚实基础。

第三，借犹太思维，做资本之事。

传统企业家的思维是有多大的头就戴多大的帽子。红木家具是一个重资产行业，一着不慎容易造成资金链断裂，企业运转困难。古木演义前期先做资本布局和 3 年战略规划，并充分利用犹太思维中的"逆向思维"，先找出口再找入口，保证了充足的优质客源和资金链。通过借资源、借人脉、借渠道、借资金，重塑了传统家具的行业价值，让企业在短短的 4 个月时间里业绩呈现几何式爆炸增长，企业估值迅速翻倍。

时代在变化，当"互联网+"来势汹汹时，"以不变应万变"的传统思维已经成为压死骆驼的最后一根稻草，唯有智者才能找到风向，并借助风口顺势飞起来。作为企业的掌舵人，一定要站在投资家的高度看问题，并用犹太人的思维去解决问题。

好的企业家一定是路演高手

一个真正的高手、领导、好的企业家一定是一个路演高手。希特勒、丘吉尔、乔布斯、马云都是全世界公认的路演高手。

我们在本书中一直强调，作为一个企业家应该具备投资家的思维，这也是犹太人的赚钱法则。

犹太人经营企业有两条腿，一条腿是市场运作，另一条腿是资本运作，两条腿走路，才能赚取更多利益。如果只用一条腿走路，势必走得艰

难。市场运作的层面无须多说了，资本运作才是我们现在亟须关注的。

路演是有一套思路、流程和系统的。首先必须明确路演的目的，其次要准确阐述项目的优势和核心竞争力，最后必须展示一系列清晰的商业模式、盈利模式和融资模式等。

所有的项目做路演有三个目的：一是融资，也就是找投资人，找钱；二是融人，也就是寻求合伙人、合作伙伴，或者招商；三是融客户，也就是把产品卖出去。

路演有且只有这三个目的，路演过程中与这三个目的无关的话都是废话。路演，一开始就要抓住大家的心。因为客户是没有耐心的，如果路演时废话太多或抓不住重点，在一分钟之内没有抓住客户的心，客户就会开始走神；两分钟还抓不住，客户就不会再往下听了。

所以，路演必须有一个好的故事，能抓住人心的故事。不只是故事本身好，还要故事讲得好。幽默是演讲的润滑剂，这是一场生动的演讲具备的要素。

路演配合 PPT（微软演示文稿软件）展示会有更

好的效果。路演 PPT 要有图像、视频，尽量用数据和案例来说话；不要堆砌文字，要简洁明了。

虽然路演 PPT 的内容制作有高要求，但是，路演最忌讳的就是照读 PPT，没有互动、自圆其说。必须有全场互动，而且要懂得控制互动的节奏。

一个企业老板如果懂得路演，路演的思维不仅会让产品有一个很棒的设计，还能在台上迅速抓住台下几十、几百投资人或客户的心，那么就有可能吸引到几十万元、几百万元，甚至上千万元资金或招商款。

但是，如果不懂路演，这个企业老板就有可能失去这个机会。

拥有了路演能力，那么就可以抓住更多的机会；拥有了路演能力，就没有难卖的好产品；拥有了路演能力，也许我们的企业会走得更轻松。

后记一
裸钻传奇

教人们如何赚钱，教人们如何开公司做企业，全世界商学院的课程都该由犹太人来讲，相信不会有人反对，但有人会不同意，那就是犹太人。

犹太人在历史上是一个苦难深重的民族，犹太人曾经遭嫉恨，甚至遭屠杀、驱逐……他们到处流离，没有土地，只得经商。那么，他们愿意毫无保留地把在屈辱中得到的商业真经公之于世吗？

以犹太商经为主要代表的世界商业最高智慧，对那些追求成功与财富梦想的人来讲，无不心向往之。

而对中国做企业的人来讲，需要一语道破的，就是中国做企业的人需要实现由创业家到投资家的蜕变。哪怕在刚刚创业的时候，就该拥有投资家的思维，而不该是创业家的思维，而这就是犹太人做到的，我们甚至还没有悟到的东西。

而这个事实已经在悄悄发生。

有幸被称为"中国犹太经营哲学传播第一人"，更有幸出版此书，我希望能为广大企业家和创业者尽一份绵薄之力。

在传播世界最顶级商业智慧的时候，对于企业在市场运作过程中的任何经营与管理的问题，我通常只字不提，我的目的就是要给中国做企业的人以思维上的激荡。我深深地感觉到，这是我的使命，因为中国企业家已不缺企业经营与管理的理论，甚至不缺经验，因为中国做企业的人都是从一线做起，亲力亲为，经历的风雨和辛酸并不少，但是企业却越来越难做。那么，如何让企业变得好做，这样一种思维应该是中国任何一个做企业的人都需要的。

旁观者清。我们一直在研究中国冠军企业的案例，跟中国的很多冠军企业家是朋友，我们有深深的感触，越深入了解企业，越深深地觉得这些企业自身都太有能量了，企业家的热情与激情，员工的积极与进取……每天，中国无数个企业都在高能量地运转着，但是能量越高，也意味着在运转的时候更容易让我们自身受伤。所以，有的企业轰然倒塌于巅峰之上，有的企业昨天还是风光无限……

而与此同时，有一批企业，创业十年左右，也开始熠熠闪光，储备的能量也开始越来越足，但要使企业不被这些能量烫伤，不烧到自己，那么，治本的方法，就是企业家们改变思维。目前的格兰仕由最开始的七八个人发展到如今的四万人，历经三十年，背后已是不尽的艰辛，未来要做成现在的两个、三个格兰仕那么大，我想也是不易。那么要做到十个、二十个那么大呢？如果是一百个、两百个那么大呢？很显然，如果依照习惯性的做法将会非常残酷，再去拼，再苦撑也几乎是不可能的。那么我们是不是就不要在做法上而应该是在思维上去找新出路呢？

确实，我们创业的思维从企业草创的那天就开始了，十年、二十年、三十年，想改不容易，但有时却也容易，希望这本书能起到一点这样的价值。

与您一同看这本书的企业家中有冠军企业案例研究中心服务过的众多企业家，如格兰仕总裁梁昭贤、王老吉总裁施少斌、方太总裁茅忠群、欧派橱柜董事长姚良松、爱国者总裁冯军、博洛尼董事长蔡先培、修正药业董事长修涞贵、海港集团总裁朱正耀等，以及众多友好企业，如南方测绘、慕思寝具、象王洗衣、新日电动车、味之都、千叶松、东京纺织、信威集团……

在中国，毫无疑问，将有越来越多的企业缔造出传奇！

后记二

关于《裸钻》，
关于"犹太奇迹"，
关于……

《裸钻》萃取于"犹太商道——从创业家到投资家"的课程精华，相信它将会改变无数企业家的思维——从创业家到投资家的思维。

"裸钻"一词，源于我带着我们的专家顾问团队在南非考察项目时，亲眼所见那一颗颗被挖掘出来的裸钻，无法想象，在经过切割打磨之后它们是那样的闪亮耀眼，像奇迹一般，太震撼了！于是，在课堂上我频频跟学员们说："每个人都是一颗裸钻，就看你怎样去切割或者你愿不愿意被切割而已！"其实每个人都是潜力股，就看你有没有被挖掘出来；没有人天生就懂做投资，这和你跟谁学以及学什么有关！如果犹太人的第三个脑袋是犹太奇迹，那么，《裸钻》可以定义为犹太商道，从《裸钻》中找到有潜质成为奇迹的元素。

正因如此，我创办了犹太商学院，以"传播犹太智慧，创造华人奇迹"为使命，以"犹太商道"和"犹太奇迹"课程为载体，志在打造中小企业一站式国际资本孵化平台，帮助中国万万千千辛辛苦苦做企业的人深入了解、学习犹太人的投资家思维，让企业找到独有的赚钱模式，让利润呈几何式倍增，从而进入资本市场，彻底把老板从企业中解放出来——让中国的企业也"好做"起来！真正的老板需要的是全局的系统思维能力，不但要学会经营管理能力，更要学会资本运作，更重要的是要学会犹太人"借鸡生蛋"的能力，这样才能真正让中国的企业"好做"起来。

犹太人最讲究信用与团结，最怕没有底线的人。同样地，一个企业家必须有良知，有中国心，有社会责任感，有使命感。什么是一个企业家的良心底线？拿食品安全来说，你做出来的食品，你自己不吃，千万不要卖给别人！一定要先进你自己的肚子，才能卖出去！这就是你的良知！

我也拥有我自己的使命感。人活在这个世界上是有他的使命的，你的使命不在于你赚了多少钱，而是为社会创造了多少价值、给这个社会留下了什么。有的人活着在这个世界走了一圈，却留下一堆垃圾。为别人做了什么才是最重要的。

所以，我给自己的使命是：做正能量的传播者、投资家和慈善家。这也是我一生都要做的三件事。

我希望自己像一个太阳，走到哪里就把光和热带到哪里，希望能温暖世界每一个冰冷的角落。爱是没有国界的，"以爱为根，以善为本"就是我的人生信仰。

我还把自己定位为一个投资家，我希望能够帮助一些中国的企业做强做大，强企才能富国。

我也一直希望能够致力于推动慈善事业。我发现在一些慈善平台里，有些老板因为企业失败而囊中羞涩，无法继续慈善事业。所以，犹太商学院提出了"以商养善，强企富国"的愿景。我希望能够以犹太经商智慧传播者和投资家的身份，去帮助这些企业渡过难关、发展壮大，从而能够继续他们关爱的慈善事业。也因此，我向每一个企业家学员提出要求：每年捐出当年利润的 1%~10% 作为慈善基金。

正因如此，是否能够成为一颗裸钻，企业的社会使命感很重要。而是否能完成这些使命，企业的能力很重要。所以，帮助中小企业寻找出路，做强做大，

沙米中国与犹太商学院签订项目合作协议

黑龙江大庆中医骨伤病医院与犹太商学院签订项目合作协议

美德鲜与犹太商学院签订项目合作协议

是犹太商学院的使命。

企业的高度在品牌，而企业的出路在资本市场。所以，我希望通过犹太商学院这个平台及《裸钻》一书，能够让企业家们学会跳出企业看企业，然后再回到企业重新布局、重新运作。犹太商学院擅长给企业看病、对症下药，专业的团队有专业的服务，帮助很多中小企业重新布局成为"裸钻"，解决投融资实战方法、资本运营、商业模式、项目众筹、品牌打造、上市运营等问题，并顺利进入资本市场。

通过我们的犹太商学院专家团队辅导，沙米中国在两年时间里，导入"互联网＋众筹"商业模式，企业估值从 2000 万元迅速增长到 8 亿元；黑龙江大庆中医骨伤病医院，一家有着 20 年历史的家族企业，一朝蜕变成为估值 7000 万元的新三板准上市企业；美德鲜生态农业，从一个概念开始，仅仅用了 8 个月时间，做到市值 2 亿元；民健医疗成功吸引资本 2000 万元，最终实现从单店到连锁、从门诊到医疗产业集团的蜕变；宁夏地质工程学校经过资产重组，成功引进资金 7000 万元，使濒临倒闭的学校起死回生……他们是怎么做到的？因为他们从"裸钻"转变成了"犹太奇迹"。

最后，我想告诉大家，投资要赚大钱就必须注意三点：第一，了解趋势；第二，紧跟国家政策；第三，和好的平台在一起。

所以，平台很重要。